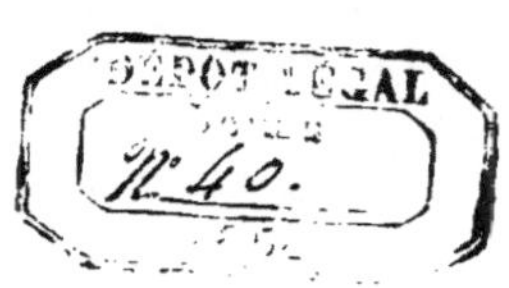

MÉMOIRE

POUR

M. Jean - Charles, dit Alfred DORNIER,

Mᵐᵉ veuve MOINE, née DORNIER, et M. Emile GUILLAUME,

Appelants d'un jugement du Tribunal de Gray, du 6 avril 1852.

MÉMOIRE

POUR

M. Jean-Charles, dit Alfred DORNIER,

Mᵐᵉ veuve MOINE, née DORNIER, et M. Emile GUILLAUME.

Appelants d'un jugement du Tribunal de Gray, du 6 avril 1852,

CONTRE

1° M. Alexandre-François-Bernard DORNIER, de *Dampierre* ;

2° l'Hospice de Gray, représentant M. Jean-Baptiste DORNIER aîné ;

3° M. Jean-Baptiste-Auguste DORNIER, de *Besançon* ;

4° Mᵐᵉ de LÉGÉAS, née DORNIER ;

5° M. Louis-Ernest de LÉGÉAS fils ;

6° M. Joseph DORNIER, de *Gray* ;

7° M. Louis-Philippe DORNIER, de *Dampierre* ;

Intimés.

Mˡˡᵉ Catherine Rochet, *de cujus*, a épousé M. Claude-Pierre Dornier le 14 décembre 1782. Treize enfants sont nés de ce mariage. Il en restait douze à l'époque de la mort de M. Dornier, en novembre 1807 ; c'étaient :

1° Jean-Baptiste, né en 1784 ;
2° Alexandre, dit *Fanfinet*, né en 1785 ;
3° Philippe, né en 1786 ;

2

4° Joseph, né en 1787;

5° Louis-Philippe, né en 1788;

6° Victor, né en 1790;

7° Jean-Charles, dit *Alfred*, né en 1801;

8° Jean-Baptiste-Auguste, né en 1805;

9° Caroline, qui a épousé **M.** de Légéas, née en 1789;

10° Adèle, qui a épousé **M.** Camille Moine, née en 1796;

11° Claude-Françoise, dite *Mélanie*, mariée à **M.** Guillaume, née en 1797;

12° Enfin Catherine, mariée à **M.** Gravier, née en 1799.

Ces douze enfants ont fait avec leur mère, en 1810, une liquidation de la communauté d'entre elle et son mari, et se sont divisé la succession de ce dernier. — Mme Dornier stipulait tant en son nom que comme se portant fort pour ses enfants mineurs.

Le lot arrivé en pleine propriété, à chacun des douze enfants, était estimé 160,000 fr. — La mère a été apportionnée d'une manière tout aussi large. — Le fonds de roulement des usines qu'exploitait son mari lui a été, en outre, laissé, et il était d'une grande valeur.

Ce partage de 1810, qui n'a été l'objet d'aucune critique, n'est ici rappelé que pour faire voir de quelle fortune jouissait, à partir de cette date, chacun des enfants, et de quel énorme capital Mme veuve Dornier disposait à cette époque.

Restée dans les affaires, tantôt seule, tantôt en société avec MM. Adrien Rochet et Auguste Floret (*voir* l'expédition de l'Inventaire, folio 139, verso), elle ne pouvait manquer de réaliser d'importants bénéfices. Aussi sa succession présente-t-elle des valeurs extrêmement considérables. Cependant nous aurons l'occasion de faire remarquer que son actif n'est pas aussi fort qu'il semblerait devoir l'être.

Le déficit que nous aurons à signaler provient, pour une partie, de libéralités arrachées par quelques-uns des enfants à la faiblesse de leur mère, à une époque où elle pouvait encore administrer ses affaires, libéralités dont les chiffres ne présentent pas une extrême exagération; et pour une autre partie, soit de donations, baux ou ventes, qu'on lui a fait signer à une date où elle se trouvait hors d'état de comprendre la portée de pareils actes ; soit de spoliations directes de sa fortune, dont quelques traces seulement ont pu être retrouvées.

Ce sont ces actes de prétendue libéralité de la mère et de *main–mise* sur une partie de sa fortune que les appelants reprochent à quelques-uns des intimés, et qui forment l'objet du débat engagé devant la Cour.

Avant d'entrer dans la discussion, nous croyons utile de rappeler sommairement quelques-unes des phases de la procédure.

Le 5 mai 1833, cinq des enfants de Mme Dornier ont présenté requête à M. le président du Tribunal de Gray pour parvenir à l'interdiction de cette dame. Les auteurs de cette requête sont : 1° M. Louis-Philippe Dornier ; 2° Jean–Charles Dornier ; 3° Jean-Baptiste Dornier (aîné) ; 4° Achille Guillaume, en qualité de tuteur de son fils mineur Henri–Emile Guillaume ; 5° M. Gravier, comme mari de Catherine Dornier.

Des douze enfants qui avaient pris part au partage de 1810, trois étaient morts, savoir : 1° Victor, disparu en 1813, pendant la campagne de Russie ; 2° Philippe, mort en 1818, l'un et l'autre sans postérité ; 4° Mme Guillaume, qui a laissé un fils, Henri-Emile.

Il y avait par conséquent cinq membres de la famille qui provoquaient l'interdiction de Mme Dornier. Les cinq autres étaient ou résistants, ou inactifs.

La requête citait des faits graves et nombreux, attestant l'incapacité mentale de la mère de famille. La cause en était désignée : *l'âge et les accidents.*

La date à laquelle remontait cette incapacité était fixée en arrière, *à un assez grand nombre d'années.* Le motif qui faisait agir les requérants était tiré *des opérations onéreuses* déjà faites par Mme Dornier, et qu'elle était exposée à faire *à chaque instant, et des sommes notables qui avaient disparu et disparaissaient chaque jour.*

Le 7 mai 1833, un jugement a ordonné, comme mesure préliminaire à l'interdiction, la convocation du conseil de famille.

Le 15 mai 1833, ce conseil a délibéré. Il faut remarquer que deux seulement des enfants Dornier en font partie : 1° Alexandre, dit *Fanfinet* ; 2° Auguste. Les autres sont, ou des étrangers, devant naturellement se ranger à l'avis des deux fils, ou un parent, Philippe-François Rochet, intéressé à ce que l'interdiction ne fût pas prononcée, parce qu'il vivait des libéralités de

Mme Dornier. (Les livres constatent qu'elle lui faisait une pension de 1,000 fr.)

Le conseil résiste à l'interdiction ; mais il conclut à ce que Mme Dornier, à raison de son *peu de mémoire, de la multiplicité de ses affaires et de la grande administration qu'elle a à gérer,* soit pourvue *d'un conseil judiciaire pour l'aider dans cette administration.*

Cette conclusion était un non-sens ; car si Mme Dornier était capable de gérer ses affaires, elle pouvait s'en décharger sur un ou plusieurs mandataires, sans qu'il fût besoin de lui imposer la *gêne légale* d'un conseil judiciaire. Celui-ci, que la loi écarte de toute immixtion dans les actes d'administration, n'eût pas été destiné à y participer. Il n'était là que pour empêcher les actes de disposition qui eussent compromis le capital.

Consentir à la nomination d'un conseil judiciaire, c'était, de la part de **Fanfinet** et **Auguste Dornier**, reconnaître que la mère n'était plus en état de défendre sa fortune.

S'ils repoussaient néanmoins l'interdiction qui devait protéger leurs intérêts légitimes, comme ceux de tous les autres membres de la famille, c'est qu'ils avaient des motifs spéciaux tirés de leur intérêt particulier.

Il leur importait que la mère conservât son administration : 1° parce qu'ils espéraient profiter de la plus grande partie de ses revenus (*voir* Lettre de M. Fanfinet à M. Gravier, du 23 septembre 1833) ; 2° que si la mère n'était pas interdite, toutes les libéralités qu'ils avaient surprises à sa faiblesse mentale devenaient irrévocables, et échappaient aux attaques dont elles étaient expressément menacées.

Le 25 mai 1833, M. le président du Tribunal, assisté de son greffier et du procureur du roi, fit subir à Mme Dornier un interrogatoire duquel il résulte qu'elle avait tellement perdu la mémoire, qu'elle ne se rappelait plus, même approximativement, l'époque de la mort de M. Dornier, le temps pendant lequel elle était restée mariée ; le nombre d'enfants qu'elle avait eus, combien de ses enfants étaient mariés, ni qui ils étaient, ni quelles dispositions elle avait faites en leur faveur. (Recueil de pièces, page 19, 10e alinéa.

Elle ne savait pas de quoi se composait son usine de Pesmes ; combien avait coûté la construction récente du second fourneau ; le nombre de ses commis ; le chiffre de leurs appointements ; la nature, ni le nombre de ses propriétés ; le nom, ni le nombre de ses gendres et de ses petits-enfants, etc.

5

Certaines idées étaient chez elle à l'état de monomanie, et ne reposaient que sur des chimères : par exemple, la conversation qu'elle prétendait avoir eue avec le roi Louis-Philippe, à propos de la construction du second fourneau de Pesmes.

Cet interrogatoire fut suivi d'un second, en date du 3 juin suivant. Il constate la même faiblesse d'organes, la même débilitation d'intelligence et de mémoire, tout en témoignant de la persistance d'une certaine lucidité, n'agissant au surplus que d'une manière incomplète, et dans des limites extrêmement resserrées.

Le magistrat instructeur a consigné dans son procès-verbal ses impressions résultant de l'attitude de cette dame, et des questions incohérentes qu'elle lui adressait pendant ses interrogatoires.

Aucun doute ne restait possible sur la nécessité de l'interdiction de Mme Dornier; mais pour y arriver régulièrement, en suivant les délais et les formes ordinaires, il eût fallu laisser écouler un temps pendant lequel des détournements de valeurs à son domicile étaient à redouter. Aussi les cinq demandeurs en interdiction s'empressèrent-ils de présenter requête au Tribunal pour faire commettre, aux termes de l'article 497 du Code civil, un administrateur provisoire, pour prendre soin de la personne et des biens de Mme Dornier, et pour faire nommer un notaire chargé de procéder à l'inventaire.

La requête était du 4 juin 1833. Le même jour, le Tribunal rendait son jugement nommant pour administrateur provisoire M. Colin, et pour notaire M. Voilliard. Celui-ci commençait l'inventaire le 20 juin. Cette opération a été fort longue.

Des tentatives de conciliation ont été faites par Fanfinet Dornier, pour arriver à une solution amiable des difficultés de la famille. Il semblait reconnu par tous que la mère, inhabile désormais à rester à la tête de ses affaires, devait être dessaisie non-seulement de l'administration, mais encore de la propriété de ses biens.

Fanfinet proposait de mettre chaque année, à la disposition de Mme Dornier, une pension de 50,000 fr., et l'habitation dans sa maison de Pesmes.

Quant au surplus, il aurait été, sous forme de donation-partage, réparti en pleine propriété entre tous les enfants; les questions de rapport paraissaient devoir se résoudre à l'amiable par des concessions de la part des enfants qui avaient à les faire, et spécialement de Fanfinet et d'Auguste.

Cependant rien ne put se conclure. La poursuite d'interdiction fut reprise : les 28 mars et 4 avril 1835, Mme Dornier subit de nouveaux interrogatoires. Ses facultés mentales furent trouvées dans le même état qu'en 1833.

Elle avait participé dans son salon, avec aisance et abandon, à une conversation sur des choses banales, et ses réponses eussent pu faire illusion, et laisser croire à la plénitude de ses facultés intellectuelles, si, appelée à répondre sur des points spéciaux, elle n'eût bientôt démenti les premières apparences, pour fournir la preuve irrécusable du dérangement de ses facultés morales.

Ainsi, le 4 avril, elle n'avait conservé aucun souvenir de l'interrogatoire subi par elle six jours auparavant, bien qu'il l'eût tourmentée et retenue longtemps en présence des magistrats et du greffier. Elle ne se rappelait pas les avoir jamais vus.

Elle n'avait, pas plus qu'en 1833, l'idée nette de la composition, soit de sa famille, soit de sa fortune. Elle avait les mêmes hallucinations : son idée fixe était toujours l'histoire de la construction de son second fourneau, bâti en 1831.

Interrogée sur le point de savoir s'il était en roulement, elle répondit : « *Oh ! oui, il roule maintenant. M. Dornier avait bien envie d'un second* » *fourneau. Je l'ai bâti, j'en ai obtenu la permission ;* ET QUAND M. DORNIER » EST REVENU ET QU'IL L'A VU, *oh ! ma foi,* IL A ÉTÉ BIEN CONTENT. »

Sa mémoire était si anéantie, qu'elle ne put pas dire qui était son principal commis, etc. etc.

Le 1er juillet 1835, un jugement du Tribunal prononça son interdiction. Elle fut jugée par défaut, tant il paraissait à ses fils Fanfinet et Auguste, impossible de résister.

Le conseil de famille avait réglé, par délibération du 11 octobre 1833, le chiffre de la dépense annuelle de Mme Dornier à 48,000 fr.

Le 15 septembre 1835, il a été d'avis de la réduire à 30,000 fr.

Dès lors et jusqu'au décès de Mme Dornier, arrivé le 21 janvier 1844, la situation de Mme Dornier n'a rien présenté de particulier.

En 1842, Mme Gravier est morte sans enfants, laissant pour héritiers ses frères et sœurs. Dès lors la succession de Mme Dornier n'a plus dû être divisée qu'en neuf lots.

Après son décès, un banquier, créancier d'un des enfants Dornier, a ouvert, devant le Tribunal de Gray, une instance en partage des biens de la succession.

Un jugement du 1er août 1844 a ordonné ce partage, nommé des experts et un notaire liquidateur. Il a réservé les questions des rapports à faire par les héritiers.

Les experts ont vaqué. Leur travail, commencé le 28 août 1844, a été clos le 28 mars 1846.

Le 22 juillet suivant, un jugement a homologué leur travail, ajournant toute solution en ce qui concernait les biens sujets à contestation (bois de Dampierre donnés à Fanfinet, immeubles de Pesmes donnés à Auguste). — Il a fixé l'estimation des autres immeubles de la succession à 4,894,438 fr. 21. c.

Une difficulté s'était élevée en ce qui concernait les usines et les bois du Boncourt et du Bouchot. Ne devait-on pas liciter les usines? — Les deux forêts du Boncourt et du Bouchot reposant sur un sol riche en minerai de fer, ne devait-on pas les diviser de manière à en attribuer, en nature, un lot à chacun des héritiers?

Ces deux questions ont été tranchées par l'affirmative.

Du 23 septembre 1846 au 20 mai 1847, les experts ont travaillé à la formation des lots.

Chacun d'eux, non compris les bois du Boncourt et du Bouchot, était estimé à 337,347 fr. 29 cent.

Les experts ont pensé que les deux bois du Boncourt et du Bouchot étaient d'une valeur de 666,939 fr.; ils les ont divisés en vingt-deux parts distinctes. Leur opération a été homologuée, en ce qui concerne les lots, par jugement du 2 juillet 1847, et pour ce qui touche aux deux bois dont il s'agit, par jugement du 12 novembre suivant.

Le 1er juillet 1850, un autre jugement a fixé la mise à prix des usines à liciter. Elles ont produit, suivant adjudication du 28 juillet de la même année, 602,000 fr.

D'un autre côté, pendant l'interdiction de Mme Dornier, les revenus de ses biens et le produit de ses usines avaient donné des résultats tels, que, le

30 avril 1845, M. Humbert, administrateur séquestre, nommé par justice, signalait un actif, résultant exclusivement de cette administration, de 2,749,121 fr. 80 c., sur lequel il n'y avait à déduire, pour frais de justice, inhumation de Mme Dornier, droits de mutation, reconstruction d'un fourneau à Pesmes, tenue de maison et autres menues dépenses, que 109,054 fr. 34 c.

Le capital gagné ou économisé pendant la période d'interdiction était donc de 2,650,000 fr. environ, non compris la somme employée à acquitter les dettes constatées par l'inventaire de 1835, atteignant approximativement le chiffre de 400,000 fr.

Devant le notaire liquidateur Chofardet, des difficultés, ajournées jusque-là, ont été formulées. Il les a consignées dans son procès-verbal du 30 avril 1851, qu'il a clos le 9 mai suivant. Pour y être statué, il a renvoyé les parties à l'audience.

La communication des livres et autres papiers inventoriés en 1835 était indispensable pour renseigner le Tribunal. M. Alfred demanda cette communication.

Les résistances qu'il éprouva le forcèrent à former devant le Tribunal un incident, par suite duquel un jugement du 11 décembre 1851 ordonna le dépôt, en l'étude du notaire Chofardet, des livres et papiers de la succession.

M. Humbert s'exécuta pour partie, en déposant, en cinq fois différentes, chez Me Chofardet, une partie des titres demandés. Mais deux registres manquaient : l'un, sous cote de l'inventaire n° 85 ; l'autre, sous cote n° 125.

Un nouvel incident appela M. Humbert à l'audience, pour qu'il eût à compléter les communications ordonnées, spécialement celles des deux cotes dont il s'agit.

Il soutint n'avoir jamais eu ces deux pièces, prétendant qu'elles ne lui avaient pas été remises par M. Girardot, ancien tuteur de Mme Dornier. Un jugement du 2 mars 1852 a, sur sa demande, ordonné la mise en cause de M. Girardot.

Le 16 mars suivant, un jugement a condamné celui-ci à reproduire les deux registres sous cotes 85 et 125, à peine de dommages-intérêts à liquider en exécution.

Le 13 novembre 1852, M. Girardot a appelé de cette décision ; mais, par arrêt en date du 6 février 1854, le jugement a été confirmé.

Nonobstant le défaut de complément des communications dont il vient d'être parlé, la cause, en ce qui touche aux questions de rapport, avait été portée à l'audience.

Après des débats assez longs, un jugement du 6 avril 1852 a prononcé sur les conclusions respectives de toutes parties. Ce jugement contient des dispositions définitives contre lesquelles il n'y a pas d'appel, d'autres simplement préparatoires non contestées, et enfin quelques-unes sur lesquelles il y a appel, soit principal, soit incident, et qui sont l'objet des discussions soumises à l'appréciation de la Cour.

Les questions de ce dernier ordre intéressent principalement MM. Fanfinet et Auguste Dornier. Elles provoquent l'examen de cette question de fait : *Quel était l'état mental de Mme Dornier, à partir de mai 1827 jusqu'à son interdiction ?*

Elles soulèvent encore ces autres questions : *Quel est le degré d'incapacité morale qui vicie de nullité, pour absence de consentement, les actes de libéralité ? Quelle application doit être faite des principes d'après lesquels les questions précédentes reçoivent leur solution, aux actes de donation qu'invoquent en leur faveur MM. Fanfinet et Auguste Dornier ?*

L'ordre logique appelle en premier lieu l'examen de la question de droit.

PARAGRAPHE Ier.

Quel est le sens de ces mots : SAIN D'ESPRIT, *qu'emploie l'article 901 ?*

La solution de cette question est livrée à l'appréciation du juge. Elle appartient plutôt à la science du monde qu'à la science du droit. Cependant quelques principes peuvent aider à la résoudre.

L'esprit est, comme le corps, susceptible d'infirmités. Pour l'un comme pour l'autre, la santé est la règle. Mais cette santé peut s'altérer, et nul ne peut dire à l'avance jusqu'à quel point la maladie sera longue et persistante.

Pour l'esprit, comme pour le corps, les affections maladives sont d'une infinie variété. Mille causes influent sur leur intensité.

De même que le médecin fait acte de discernement et de science en recherchant, par l'examen des organes, si le corps est malade ou bien portant, de même le juge fait acte de discernement et de science en recherchant, par les actes et les discours d'un individu, si son esprit est sain, ou si au contraire il est malade.

On sent assez que, dans cette voie, rien ne peut guider le juge que sa propre expérience; et que ni auteurs ni arrêts ne peuvent lui fournir à l'avance de données certaines pour ce diagnostic moral.

Ecartons donc les citations de doctrine et de jurisprudence, faites sans utilité dans la cause actuelle, et qui toutes aboutissent à ces deux règles : 1° Pour donner, il faut être sain d'esprit; 2° Il appartient souverainement au juge de reconnaître ce qui constitue la santé morale.

On a invoqué devant la Cour de nombreux arrêts, en lui montrant comment, dans divers cas, les juges avaient fait acte de sagesse en reconnaissant ou en niant l'existence de l'incapacité mentale, dans telle ou telle circonstance donnée.

C'est aussi à sa sagesse que nous avons recours avec la confiance la plus absolue.

C'est à elle de peser avec scrupule les faits que révèle le débat. S'il en ressort pour elle que, de 1827 à 1835, M^{mo} Dornier a pu manifester une volonté saine, réfléchie et indépendante, elle devra valider ses actes. Si, au contraire, elle reconnaît que les facultés mentales de cette dame avaient subi des atteintes assez graves pour que ses actes ne fussent plus le résultat de la réflexion et d'une volonté éclairée, elle devra les annuler.

Il ne devra pas être perdu de vue qu'aucune assimilation ne peut être faite entre le cas qui nous occupe et celui de la dation d'un conseil judiciaire, souvent rappelé dans la discussion des adversaires.

La loi distingue entre le cas où un individu sain d'esprit, et pouvant suffire avec intelligence à l'administration de ses affaires, a cependant besoin d'être protégé contre l'entraînement de ses passions ou la faiblesse de son caractère, et le cas où l'administration même lui est impossible parce que la santé de l'esprit lui fait défaut. Dans le premier cas, elle vient au secours de l'individu en le pourvoyant d'un conseil judiciaire; dans le second cas, elle lui nomme un tuteur.

Mais qui décidera s'il y a lieu, dans telle ou telle espèce, à recourir plutôt à l'une de ces mesures qu'à l'autre ? Le juge, souverain appréciateur des faits.

Quand il a pensé qu'un conseil judiciaire seulement devait être nommé, il a affirmé la persistance de la raison et de la volonté dans des limites assez étendues. Dès lors, le testament qui émanerait *du pourvu* serait réputé, sauf preuve contraire, provenir d'un esprit suffisamment sain.

Quand le juge a décidé, au contraire, qu'il y avait lieu à nomination d'un tuteur, il a nié complètement l'existence de la santé intellectuelle. Dès lors, tout acte de disposition fait par l'interdit est frappé de nullité.

Dans tous les cas, ce sont les Tribunaux qui mesurent, d'après leurs lumières et leur impression, l'intensité de la maladie mentale.

Les articles 901, 503 et 504 du Code Napoléon, qui régissent plus spécialement la matière, autorisent la demande en nullité des actes faits par celui que nous appellerons *le malade,* avant l'époque de son interdiction.

On conçoit que si, sur la demande en interdiction, il a été seulement pourvu d'un conseil judiciaire, l'affirmation du juge, que postérieurement aux actes attaqués, il était encore sain d'esprit, puisse créer une fin de non-recevoir contre des allégations ainsi démenties par avance.

Si, au contraire, il y a eu interdiction prononcée, comme il y a eu reconnaissance de l'existence acquise, et probablement ancienne, de la maladie mentale, les actes de l'interdit, antérieurs à l'interdiction, sont frappés de suspicion, et peuvent être attaqués utilement.

Il est vrai que c'est au demandeur à prouver que la maladie existait déjà à l'époque des actes; mais la loi se contente à cet égard de la *notoriété* (article 503).

Recherchons donc, puisque nous sommes demandeurs en annulation des donations faites par M{{me}} Dornier depuis 1827 à 1833, si, pendant cette période, elle jouissait de la plénitude de la *santé d'esprit.*

Nous nous servons à dessein de ces expressions, d'abord parce que ce sont celles qu'emploie l'article 901, et ensuite parce que la loi reconnaît elle-même que la désorganisation de l'esprit peut avoir des degrés comme des caractères différents.

Dans les articles 489, 491 et 493 du Code Napoléon, le législateur assigne comme causes à l'interdiction : *l'imbécillité, la démence, la fureur.* Chacun de ces mots s'applique à un état particulier.

L'imbécillité désigne la faiblesse d'esprit. Il n'implique pas l'absence d'intelligence, mais simplement son défaut d'énergie. Les ressorts de l'esprit existent encore, mais ils sont usés et n'agissent plus que d'une manière insuffisante.

La démence est l'état d'aberration des idées. Il n'exclut pas l'énergie. La volonté peut être puissante, mais elle n'est plus guidée par la raison.

La fureur est la démence exaltée, violente, dangereuse.

Dans les deux premières espèces, l'imbécillité et la démence simple, il y a besoin de protection pour l'individu seulement à cause de sa faiblesse, ou de sa déraison.

Dans les cas de fureur, le malade doit être protégé contre sa démence ; mais la société elle-même a besoin d'être préservée des dangers de son exaltation.

Ce sont donc trois états distincts reconnus par la loi. Elle y applique néanmoins le même remède, l'interdiction.

L'imbécillité, en effet, expose le faible d'esprit aux mêmes dangers de spoliation et de ruine, que ceux qui menacent l'insensé. La faiblesse appelle la protection ; et le législateur n'a pas pu vouloir qu'un malheureux, qui ne peut se défendre contre la ruse et la cupidité, fût nécessairement la victime de toutes les tentatives dirigées contre sa fortune.

L'imbécillité a elle-même des degrés : elle touche d'un côté à l'idiotisme complet ; elle confine de l'autre à l'état de pleine raison.

Développée dans une certaine mesure, elle nécessite l'interdiction (article 489).

En d'autres circonstances, elle n'appelle qu'une protection limitée, la dation d'un conseil judiciaire. C'est aux Tribunaux, chargés de veiller aux intérêts sociaux, à proportionner le remède au mal.

Il est arrivé que méconnaissant ces principes, des plaideurs ont soutenu devant les Tribunaux que la *faiblesse d'esprit seule,* ou *l'imbécillité sans démence,* n'était pas une cause d'interdiction.

Contraire au texte comme à l'esprit de la loi, cette prétention a été justement repoussée. Nous nous bornerons sur ce point à rappeler l'arrêt de la Cour de cassation du 6 décembre 1851, affaire de Ploeuc. Un jugement du 20 juin 1830 avait, par suite de l'interrogatoire du défendeur, rejeté l'interdiction. Mais le 5 août suivant, la Cour de Rennes réforma cette décision, et

déclara le sieur de Ploeuc interdit. Les faits recueillis par l'arrêt ne révèlent que de la faiblesse. Le dernier considérant est ainsi conçu : « Attendu.......
» qu'il suit de tous ces faits que, quoique la faiblesse d'esprit dont est atteint
» le sieur de Ploeuc aîné n'aille pas *jusqu'à lui faire perdre entièrement la*
» *raison,* elle ne le rend pas moins incapable de gouverner sa personne ;
» qu'il est donc utile pour lui et même indispensable, de le faire assister d'un
» tuteur pour le protéger et le défendre des séductions et des manœuvres de
» ceux qui abusent de son imbécillité. »

Cet avis a été déféré à la censure de la Cour de cassation qui, appréciant les conséquences légales des faits que la Cour royale, *prononçant comme jury,* avait déclarés constants, a rejeté le pourvoi.

Cette décision est éminemment juridique ; elle applique exactement les dispositions de l'article 489. Elle donne à la loi sa véritable interprétation.

Que si nous jetons un coup d'œil sur la doctrine, nous y retrouvons les idées que nous venons d'émettre. Toullier, tome II, page 443, numéro 1310, s'exprime ainsi : « L'imbécillité est l'état de l'individu atteint de cette *faiblesse*
» *d'esprit* qui, sans aller jusqu'à faire perdre *entièrement la raison,* le rend
» incapable de gouverner sa personne et ses biens. » — Merlin, *Répertoire,*
V° *l'Interdiction,* § 2, examinant les causes qui peuvent motiver l'interdiction, dit : « Une volonté libre est la base de tout engagement ; ni le furieux ,
» ni l'imbécile, ni le prodigue, ne sont censés avoir cette volonté. Le premier
» ne suit que son délire ; *le deuxième cède aux impressions d'autrui ;* et le pro-
» digue n'écoute que ses passions. »

Tous les auteurs, au surplus, sont d'accord en cette matière.

Nous sommes autorisés à conclure de la dissertation qui précède, — et sur laquelle nous n'avons insisté que parce qu'il nous a semblé que les adversaires n'avaient pas présenté le point de droit sous son véritable jour, — que Mme Dornier a pu être interdite a raison de la faiblesse de son esprit, alors même que son état n'eut présenté aucun des caractères de la démence.

Ce n'est pas sans étonnement que nous avons entendu plaider par M. Auguste Dornier que la faiblesse d'esprit, qui avait été, en 1835, la cause de l'interdiction de sa mère, ne pouvait être une cause d'annulation des actes antérieurs, alors même qu'il serait prouvé que la même faiblesse d'esprit existait déjà lors de la confection de ces actes. Nous aimons à croire qu'une sem—

blable erreur ne peut être qu'un écart d'improvisation. Elle ne se justifie en effet par aucun texte, par aucun argument sérieux, par aucune autorité.

Le défaut de santé de l'esprit vicie le consentement, et fait tomber le contrat.

C'est parce que l'imbécillité constitue l'absence de santé de l'esprit, que la loi en fait une cause d'interdiction, en proclamant l'incapacité de l'interdit de donner aucun consentement valable, à raison de son état.

Comment dès lors dire que l'état d'incapacité étant prouvé en fait pour une époque antérieure à l'interdiction, il ne produira pas les conséquences que la loi en fait dériver quant à la validité du consentement?

La cause doit agir dès qu'elle existe. Si donc la faiblesse d'esprit de Mme Dornier a pu la faire interdire en 1835, elle doit, si elle existait déjà dès le mois de mai 1827, d'une manière habituelle, faire annuler les actes surpris à sa faiblesse, et pour lesquels elle ne pouvait plus donner de véritable consentement.

PARAGRAPHE IIe.

La faiblesse d'esprit de Mme Dornier remonte-t-elle au mois de mai 1827? Etait-elle dès lors suffisante pour lui enlever la capacité de contracter valablement?

Nous avons suivi, dans la discussion orale, une méthode d'investigation qui nous paraît être la plus sûre pour arriver à la vérité.

Partant de l'époque à laquelle l'imbécillité de Mme Dornier est incontestée, nous avons recherché dans les années antérieures les traces indicatrices de l'existence de ce dérangement des facultés.

Nous avons trouvé, par ce moyen, que c'était en mai 1827 qu'il fallait placer l'origine de la période de désorganisation complète de la tête de Mme Dornier.

Le jugement qui l'interdit, en date du 1er juillet 1835, retient comme constant, à raison de ses interrogatoires de 1835 et 1833, « *qu'elle ne con-* » *naît ni le nombre, ni les noms, ni les domiciles, ni l'état et la position de la* » *famille de ses enfants; qu'elle ignore l'époque de son mariage, celle du décès* » *de son mari, le nombre d'années qu'elle a vécu avec M. Dornier, pour lequel*

» *elle témoigne cependant une affection et des regrets souvent rappelés;*

» Que ces circonstances, qui touchent de si près aux objets des affections
» ordinaires des hommes, ne peuvent être ignorées, surtout d'une mère et
» d'une épouse qui conserverait le moindre usage de ses facultés intel-
» lectuelles ;

» Qu'il résulte de ces mêmes interrogatoires que Mme Dornier est en-
» tièrement étrangère à la conduite de sa maison et de ses affaires, dont elle
» ignore absolument la situation; qu'elle ne possède aucune des connais-
» sances, même les plus usuelles, nécessaires pour gouverner et régir sa per-
» sonne, et des biens et affaires aussi importants que les siens : qu'ainsi sa
» fortune est exposée incessamment à recevoir de graves atteintes de la part
» de *toutes personnes qui tenteraient d'abuser de sa position ;*

» Que ses variations, ses aberrations et ses divagations dans les réponses
» qu'elle a attribuées aux diverses questions qui lui ont été adressées sur des
» choses qu'elle ne pouvait ignorer, sa persistance à rappeler toujours les
» mêmes idées, les mêmes faits, souvent contradictoires, et aussi peu fondés
» en raison qu'en réalité, prouvent encore de la manière la plus évidente qu'il
» y a en Mme Dornier, *démence complète,* ABSENCE TOTALE DE MÉMOIRE *et*
» *de tout raisonnement, et incapacité absolue de lier et suivre quelques idées,*
» *même les plus simples ;*

» Qu'ainsi, dans l'intérêt de sa *personne* et de sa *fortune,* il est urgent de
» venir au secours de Mme Dornier, par le moyen qu'indique la loi, et
» dont la nécessité est suffisamment démontrée par les seules preuves qui
» existent aujourd'hui dans la cause, *sans qu'il soit besoin de recourir à une*
» *enquête.* »

Nous venons de copier le texte même du jugement.

Non-seulement il est l'expression de la vérité légale, puisqu'il est passé
en force de chose jugée, mais encore aucun membre de la famille n'a essayé,
soit de l'empêcher, soit de le faire réformer.

Le Tribunal se sert avec raison du mot *démence,* parce que la destruction
complète de la mémoire de Mme Dornier l'entraînait dans des confusions
et des contradictions extravagantes. Cependant il aurait été plus juste et plus
vrai de n'y reconnaître que *l'imbécillité* parvenue à un degré avancé.

En effet, en reprenant les interrogatoires de Mme Dornier, nous verrons que ce qui lui manque et constitue sa faiblesse, c'est l'anéantissement de sa mémoire, et non pas le défaut de son intelligence.

Quelques rapprochements mettront cette vérité dans tout son jour.

Nous avons signalé, en plaidant, toutes les parties de l'interrogatoire qui établissaient, sans réplique, l'anéantissement absolu des souvenirs. Nous allons, par un autre travail, rechercher si l'intelligence ne persistait pas encore.

Prenons les interrogatoires de 1835. Celui du 28 mars, page 29, montre cette dame participant à la conversation, répondant *ad hoc* aux questions qui lui étaient adressées, cherchant avec adresse un prétexte pour sortir, et échapper à un interrogatoire dont elle avait compris la nature.

Celui du 4 avril (page 32) la montre répondant d'un ton calme et gracieux aux magistrats; soutenant avec *facilité et présence d'esprit* une conversation sur des choses indifférentes, sur les lieux communs d'usage; parlant de sa santé, de ses projets, du mariage de son fils Fanfinet, qui lui avait, la veille, présenté sa nouvelle épouse; répondant à propos au plus grand nombre des questions qui lui étaient posées; retrouvant même dans sa mémoire que les bois qu'elle avait donnés à Fanfinet avaient été une cause de jalousie entre ses enfants; que M. Moine, un de ses gendres, avait mangé sa fortune; que son fils aîné demeurait à Oyrières, etc.

En présence de ces réponses, on eût pu croire qu'elle avait toute sa tête, si, à côté, on n'eût pas trouvé des étrangetés, et des lacunes inexplicables de mémoire.

Les interrogatoires de 1833 laissent la même impression. Entre ces deux époques, aucune modification dans la santé mentale de Mme Dornier ne s'est produite. Déjà en 1833, ses souvenirs lui faisaient complètement défaut; elle ne savait plus ni le nom, ni le nombre de ses enfants; elle ne connaissait pas de banquier à Gray, bien que sa maison eût des relations de tous les jours avec M. Dufournel, etc. etc.

Une chose qui aura sans doute frappé la Cour, en lisant les interrogatoires des 25 mai et 3 juin 1833, c'est le sentiment de sa propre faiblesse manifesté par Mme Dornier dans chacune de ses réponses; perpétuellement elle invoque la présence et l'appui des souvenirs, soit de son frère, soit de son neveu, de ses filles et de ses commis.

Cependant, si l'on constate la faiblesse d'esprit la plus incontestable, on ne peut se refuser à reconnaître ce que nous avons appelé la lucidité présente, et qui n'est, à proprement parler, qu'un débris de l'intelligence ancienne.

Certaines idées ont plus vivement impressionné Mme Dornier. Elle les retrouve avec plus de facilité et de précision. Ainsi, en mai 1827, elle a fait une chute qui a failli lui coûter la vie, qui a ébranlé sa raison et ruiné définitivement sa santé. Elle s'en rappelle la date et les circonstances: « Je connais » peu, dit-elle, les détails de ma maison *depuis ma chute ;* QUELQUEFOIS *la tête* » *me tourne ; je suis restée cinq ans sans sortir du lit.* C'est une dinde, car » j'aime beaucoup les bêtes, qui, en me voyant arriver, a volé sur moi et » m'a fait tomber sur un tas de pierres. »

« Et depuis mes chutes, je suis très-peu sortie; j'avais du monde que je » connaissais auparavant. Voilà cinq ans que je suis malade. »

Ces réponses de Mme Dornier sont vraies, et nous pouvons l'invoquer comme témoin à l'appui de cette assertion que la perte de sa santé, et le dérangement de sa tête, *qui lui tourne,* datent de sa chute, en mai 1827.

Nous avons eu l'occasion de faire remarquer que l'état d'imbécillité de Mme Dornier était nécessairement, en 1833, le résultat d'une cause ancienne.

Aucun accident ne lui est survenu depuis le mois de mai 1827. Aucune maladie, aucun chagrin, en un mot aucune cause appréciable ne rend compte depuis cette date de l'affaissement de son esprit.

Il faut donc reconnaître, comme elle le dit elle-même, que c'est depuis 1827, depuis sa chute, *qu'elle est malade et que la tête lui tourne.*

Si l'enquête sollicitée par la requête du 5 mai 1833 avait été ordonnée, nous aurions dès aujourd'hui la preuve qui nous reste à faire ; mais de ce que le Tribunal a pu juger sans enquête, il ne résulte pas que nous restions aujourd'hui désarmés. Il reste, des faits qui se sont accomplis de 1827 à 1833, des témoins nombreux et honorables. Leurs souvenirs sont fixés, soit par la date de la chute de Mme Dornier, soit par la date, certaine pour eux, de leurs relations d'affaires avec sa maison, soit par l'époque mémorable de la révolution de Juillet, soit enfin parce qu'ayant été, en 1833, interrogés, en vue de l'enquête, sur la nature de leurs souvenirs, ils ont dû y arrêter leur attention d'une manière assez précise pour pouvoir les reproduire aujourd'hui.

La requête du 5 mai 1833 précise des faits qui étaient de notoriété publique. Elle indique les noms des témoins.

N'est-il pas dès maintenant moralement certain que tous les faits allégués étaient faciles à prouver, et que des gens, comme ceux qui ont signé la requête, n'avaient pas agi sans renseignements et en se livrant témérairement à la chance de recevoir des démentis ?

La demande d'interdiction était, du reste, non-seulement une précaution pour l'avenir, mais elle tendait aussi à faire tomber les donations postérieures à 1827.

N'est-ce pas qu'alors il était avéré qu'à l'époque de ces donations, Mme Dornier n'était plus *mentis compos* ?

La requête expose en effet que Mme Dornier « *est tellement privée de mé-* » *moire et de ses facultés intellectuelles, qu'elle est dans l'impossibilité d'ad-* » *ministrer sa personne et de régir ses affaires et ses biens ;*

» *Que la faiblesse de ses organes s'est fait remarquer* DEPUIS UN ASSEZ GRAND » NOMBRE D'ANNÉES ; *que les exposants espéraient d'abord qu'elle se rétablirait* » *de manière à pouvoir administrer ses affaires ;* MAIS QU'ILS SE SONT TROMPÉS » DANS LEUR ATTENTE, *et que son état, loin de s'améliorer, n'a fait qu'empirer* » *depuis cette époque ; que l'âge et les accidents n'ont pas peu contribué au* » *dérangement total de ses facultés.* »

Ces expressions : « UN ASSEZ GRAND NOMBRE D'ANNÉES, » employées en 1833 par les poursuivants, s'appliquaient évidemment à la période de six ans qui venait de s'écouler.

Parmi les faits qu'ils citent et dont ils demandent à faire preuve, les uns sont généraux, sans indication de dates ; les autres sont spéciaux, le temps et les circonstances en sont précisés avec détail.

Les faits articulés pour 1830 indiquent la désorganisation mentale aussi avancée, aussi complète qu'en 1833.

Lors de la délibération du conseil de famille, le 15 mai 1833, MM. Fanlinet et Auguste Dornier, contre la cupidité desquels, passée, présente et future, la mesure de l'interdiction était principalement dirigée, connaissaient incontestablement les faits allégués dans la requête.

Or, non-seulement ils se gardent de protester contre la vérité de ces faits, mais encore, reconnaissant l'incapacité mentale de Mme Dornier, ils émettent l'avis de lui donner un conseil judiciaire.

Cette conduite de leur part n'est-elle pas déjà un aveu presque complet de la vérité des faits articulés?

Au surplus, en juin 1833, M. Fanfinet et M. Auguste Dornier considéraient les dons, arrachés par eux à la faiblesse sénile de leur mère, comme si peu légitimes, qu'ils consentaient à rapporter chacun 150,000 fr.

Nous avons dès maintenant la certitude de prouver à la Cour la vérité de cette assertion. Nous pourrons en même temps prouver que leur conduite, lors de l'obtention de ces libéralités de la mère, avait paru, aux autres membres de la famille, empreinte d'indignité, et que des gens, dont l'honorabilité est au-dessus de tous soupçons, affirmaient alors que dès 1827, la mère de famille n'avait plus eu ni le discernement ni la volonté nécessaires pour faire des donations, et manifester, avec intelligence, une préférence quelconque pour tel ou tel de ses enfants.

Lorsque, dans la requête du 5 mai 1833, on exposait, entre autres, qu'en 1830, Mme Dornier n'avait plus ni discernement ni mémoire, disait-on des choses qui soient dès maintenant démenties? Non, car la Cour se souvient de l'interrogatoire subi par Mme Dornier devant M. le conseiller Barberot, le 9 juillet 1830, dans lequel elle dit avoir quarante-cinq ans, alors qu'elle aurait dû savoir, si elle eût eu toute sa tête, que son fils Fanfinet, interrogé comme elle, allait répondre qu'il en avait quarante-quatre.

Permis aux adversaires de faire sur ce sujet d'agréables plaisanteries, et de ne voir, dans la réponse de Mme Dornier, qu'un acte de coquetterie surannée.

Quant à nous, nous ne pouvons qu'y voir, avec tristesse, l'empreinte de l'âge et de la maladie, et la preuve irrécusable de la débilité sénile.

Elle répondait déjà, comme elle l'a fait plus tard, en 1833 et en 1835.

Avec les documents que nous possédons déjà, nous pourrions nous passer de toute enquête; cependant si la Cour hésite encore, nous demandons à éclairer sa religion par des dépositions qu'elle aura le droit de contrôler.

Si, en 1830, les infirmités de Mme Dornier étaient déjà telles que nous venons de le démontrer, cet état, définitivement constitué, remontait à une date antérieure. Les demandeurs en interdiction disaient donc vrai en en reportant l'origine *à un assez grand nombre d'années* ; Mme Dornier se rappelait donc exactement des faits qui lui étaient personnels quand elle disait qu'elle était malade depuis sa chute, *et que la tête lui tournait.*

Recherchons encore si, dans les documents écrits, nous trouverons quelque preuve nouvelle qui nous montre, à une date plus rapprochée de 1827, Mme Dornier atteinte déjà de désorganisation intellectuelle.

Trois documents seulement nous serviront de jalons.

1° D'abord la lettre de M. Girardot à M. Fanfinet Dornier, en date du 12 septembre 1827. Elle constate que Mme Dornier, qu'on venait de conduire à Luxeuil, était dans un état *véritablement affligeant.* Ces expressions sont caractéristiques.

2° Le 12 août 1828, Mme Dornier fait un effort héroïque pour se rendre compte à elle-même des discussions qui ont eu lieu en sa présence, entre un certain nombre de ses enfants, à raison de la donation du 16 juin 1828.

Une seule chose lui est restée nettement présente : c'est que Fanfinet avait formellement promis, dans cette réunion de famille, de rapporter à ses frères et sœurs une somme de 200,000 fr. Mais la cause de ce rapport lui échappe complètement. Elle ne sait plus que c'est à raison d'une donation qu'elle lui aurait faite.

Après avoir rayé bien des mots, en avoir surchargé, interligné quelques autres, elle parvient à fixer sur le papier que, si Fanfinet rapporte 200,000 fr., c'est parce qu'il lui a fait payer trop cher un bois ; puis, passant immédiatement à une idée contradictoire, elle ne pense plus au rapport, et elle écrit que c'est elle qui doit achever la même somme à ses enfants pour mettre la paix dans la famille.

Cette note est un laborieux tissu d'incohérences.

L'idée que Fanfinet avait fait payer le bois trop cher est une chimère. Les lettres de Fanfinet à sa mère, des 20 juillet 1820 et 16 juin 1821 (pages 65 et 66), prouvent que le prix avait été vivement débattu, et qu'il n'y avait qu'une faible différence entre la somme demandée par Fanfinet (325,000 fr.), et celle offerte par sa mère ensuite d'estimation (302,600 fr.).

Cette note à elle seule montre que la mère était si faible d'esprit, qu'un acte aussi important que la donation du bois de Dampierre, et qui avait provoqué dans sa famille une espèce de guerre civile, n'avait pas pu se graver dans son esprit, et que, deux mois après sa date, elle n'en savait même plus l'existence.

3° En février 1829, lorsque Fanfinet, surveillé par ses frères et par les gérants de la forge, constitués moralement gardiens des intérêts de la famille, fait des efforts incessants pour obtenir, à bas prix, la renonciation au droit de jouissance conservé par Mme Dornier sur les bois de Dampierre, alors qu'il s'agit simplement de lui répondre par oui ou par non, chose assurément bien facile, est-ce Mme Dornier qui répond? Non; c'est M. Charpin, régisseur de la forge, qui fait revoir et augmenter sa lettre par M. Bridan (pag. 57 et 59.)

Croit-on que si Mme Dornier eût été encore en santé intellectuelle, les choses se fussent ainsi passées? Non certainement; et si nous voyons disparaître ainsi l'action de Mme Dornier, c'est parce qu'elle n'était plus capable d'aucune direction ni d'aucune administration.

Une circonstance à remarquer encore, c'est que Mme Dornier avait la manie d'écrire; elle faisait sa correspondance, et prenait des notes.

Or, depuis 1827, nous n'avons retrouvé d'elle que trois corps d'écriture :

1° Une lettre à Joseph Dornier, du 21 juillet 1828, écrite sous l'inspiration et en présence de plusieurs de ses enfants, ce qui explique les apparences d'intelligence que peut présenter cette lettre;

2° Le billet du 12 août 1828 ;

3° La lettre à Auguste, du 24 août 1828, si bizarre de forme et de fond.

En dehors de cela, nous ne trouvons plus que des signatures qu'elle donnait sans contrôle, et toutes les fois qu'elles lui étaient demandées; signatures qui ne sont pas une preuve de force mentale, car jusqu'à son interdiction, les commis, *pour abriter leur responsabilité*, lui ont fait signer ses marchés et sa correspondance. Le 19 avril 1833, elle signait encore pour Fanfinet une quittance de 6,500 fr.

Toute la discussion à laquelle nous venons de nous livrer nous conduit à cette conclusion, que l'état d'imbécillité, d'incapacité morale de Mme Dornier est la conséquence immédiate de l'accident qu'elle a éprouvé en 1827 ; que cet état existe depuis cette date, et que la preuve en est acquise suffisamment.

C'est donc à tort que les premiers juges ont refusé de le reconnaître.

Tout au moins, était-ce le cas d'admettre les demandeurs à prouver par témoins les faits pertinents articulés par eux.

Les motifs sur lesquels est basée la décision du Tribunal sont d'une réfutation facile. Nous allons les parcourir et y répondre.

1er MOTIF. — L'avis du conseil de famille de Mme Dornier, du 15 mai 1833, et le jugement du 4 juin suivant, qui lui nomme *un administrateur provisoire*, démontrent qu'alors elle n'était pas en état d'être interdite.

Réponse. — Ces deux pièces prouvent précisément le contraire. Nous avons vu que l'avis du conseil de famille contenait en notre faveur un aveu important. Le jugement du 4 juin, rendu d'urgence le lendemain du second interrogatoire, dessaisit Mme Dornier *de l'administration de sa personne et de ses biens*.

Enfin le jugement d'interdiction s'appuie autant sur les interrogatoires de 1833 que sur ceux de 1835. Ces interrogatoires eux-mêmes ne permettent pas de discussion.

2e MOTIF. — Jusqu'au 4 juin 1833, Mme Dornier est restée à la tête de sa maison, et a signé ses marchés et sa correspondance.

Réponse. — Cette argumentation n'est pas relevante. Interdire la mère de famille était une mesure pénible à laquelle on ne devait recourir qu'à la dernière extrémité ; l'administration de ses affaires ne périclitait pas entre les mains de ses commis, intelligents et honnêtes.

Sans les dilapidations qui compromettaient sa fortune au préjudice du plus grand nombre de ses enfants, et au profit de quelques-uns d'entre eux seulement, on eût reculé, par égard pour elle et par intérêt, bien entendu, pour sa propre considération, devant la nécessité de la faire interdire.

Les pourparlers qui ont existé entre les enfants, dans le cours de 1833, en sont la preuve. Ils montrent comment MM. Fanfinet et Auguste ouvraient, par anticipation, et à leur profit, la succession de leur mère ; comment cette manière d'agir avait soulevé l'indignation des autres enfants ; comment, pour les arrêter et leur faire rendre gorge, il avait fallu recourir à l'interdiction de la mère ; comment, en juin 1833, MM. Fanfinet et Auguste faisaient, pour partie, des soumissions de restitution ; comment la manière de faire de M. Auguste, quant aux traites qui avaient disparu, lui avait attiré, de la part de ses frères et beaux-frères, les épithètes les plus dures (*voir* Lettre de M. Colin. du 28 septembre 1833).

Ainsi. le retard apporté dans la demande en interdiction de Mme Dornier émanait, non du sentiment de sa capacité, mais seulement de la répugnance de ses enfants à intenter cette action.

Les adversaires emploieront pour toute tactique un moyen qui peut avoir son habileté puisqu'il a réussi en première instance, mais qui n'est pas conforme à la vérité, et qui n'aboutira pas devant la Cour.

Ils représenteront Mme Dornier comme auteur de toutes les lettres écrites depuis 1827 par ses commis, et dont quelques-unes sont signées par elle.

Ainsi ils la montreront indiquant le nombre de stères que contient telle ou telle coupe, la quantité de gros arbres à abattre, et d'arbres de réserve; discutant le prix du stère, fixant les conditions d'exploitation et de paiement.

Lorsqu'un commis écrira sous le nom de Mme Dornier et dira : « Madame désire ceci, Madame prescrit cela, » ils s'écrieront : « Voyez quelle intelli- » gence avait Mme Dornier ! comme elle s'occupait de tous les détails ! »

Quand le 8 février 1829, M. Charpin, embarrassé de sa responsabilité, soumettra à M. Bridan un modèle de lettre qu'il a préparé pour repousser des demandes de M. Fanfinet, les adversaires, par un petit tour d'habileté, s'empresseront de dire : « Mme Dornier avait, à Gray, un conseil dont l'hono- » rabilité de caractère est parfaitement connue : c'était **M. Bridan. Elle avait** » jugé convenable de le consulter sur la réponse qu'elle devait faire à son » fils ; elle lui avait même demandé le modèle d'une lettre qu'elle devait lui » adresser. »

Il nous est difficile de croire qu'on puisse faire prendre, à ce point, le change à la Cour. Elle saura démêler le vrai et le faux des faits qui lui sont ainsi présentés.

Il y avait dans la maison Dornier un ordre anciennement établi, que les commis ne pouvaient, ni ne voulaient renverser : c'était de faire passer toute la correspondance par les mains de Mme Dornier; de lui soumettre, en tant que cela était possible, les projets d'une certaine importance, d'y faire apposer sa signature.

Il servait de sauvegarde aux commis, et tout était bien. Ils conservaient même par là, aux yeux des étrangers et de la famille, le mérite des égards qu'ils témoignaient à Mme Dornier.

Cet ordre établi dans la maison résulte de ce passage d'une lettre de Mme Dornier à M. Fanfinet, du 21 décembre 1823 (page 82) : « C'est à moi

» qu'il faut répondre, et non à mes commis; ils ne peuvent rien faire sans
» moi. Ils sont pour recevoir mes ordres. » C'est cet ordre ancien, ce sont
ces habitudes prises qui servent à expliquer le mécanisme de toutes ces opérations, dans lesquelles Mme Dornier semble intervenir, quoique en vérité elle
soit hors d'état de les comprendre.

3e MOTIF. — Les lettres qui lui ont été adressées depuis 1827, et notamment par Alexandre, prouvent qu'on la consultait sur ses affaires, qu'on
prenait son avis, et témoignent de déférence et d'égards, dont on n'aurait
pas usé envers une personne dénuée de raison et d'intelligence.

Réponse. — Nous avons déjà, en partie, réfuté ce considérant. Nous rap-
pelons ce que nous avons indiqué en plaidant, que rien n'eût autorisé M. Fanfinet, ni aucun autre, à manquer de respect à Mme Dornier; — Qu'elle était
encore en état de distinguer une politesse d'une grossièreté; que sa faiblesse
d'esprit la rendant facile à impressionner en tel ou tel sens, il suffisait, pour
en obtenir ce qu'on voulait, de la flatter et de lui répéter souvent la même
demande;

Que l'argument du Tribunal pourrait être utile contre nous, si nous arti-
culions l'existence d'un idiotisme complet, ou de la démence; mais qu'il
tombe devant notre allégation, si bien d'accord avec les faits, qu'il n'y avait
chez Mme Dornier qu'un certain degré d'imbécillité ou de faiblesse d'esprit,
n'excluant pas complètement la raison.

D'ailleurs les lettres d'affaires, relatives aux marchés de bois, étaient pour
les commis, bien qu'adressées à Mme Dornier.

La lettre de Fanfinet, du 26 juillet 1828 (Recueil de pièces, page 47)
n'est qu'un plaidoyer de Fanfinet devant ses frères et sœurs.

Les lettres assez nombreuses par lesquelles il demande la cession de la
jouissance des bois de Dampierre sont plutôt à l'adresse de la famille, ou des
commis, qui veillent pour elle, qu'à celle de Mme Dornier.

Comment prendre au sérieux ces expressions, soit des commis, soit de
Fanfinet : « Mme Dornier veut telle chose, elle en a résolu telle autre »,
quand on voit que c'était encore ainsi en 1833, et quand on lit, dans la lettre
de Fanfinet à M. Gravier, du 28 septembre 1833, en parlant de sa mère :
« Elle est bien décidée à soutenir contre vous cinq un procès.....; elle consent
» encore à un arrangement : elle m'en a posé elle-même la base devant

» *M. Rochet.....; elle me prie de me charger de ses affaires contre vous.* »

Ne dirait-on pas, à entendre M. Fanfinet, qu'en fin septembre 1833, sa mère avait toute sa raison? La Cour sait pourtant à quoi s'en tenir.

4ᵉ MOTIF. — Des gens honorables ont accepté, de sa part, des procurations, et ont contracté avec elle. Leur témoignage implicite résultant de ces actes, écarte l'idée de la démence de Mᵐᵉ Dornier.

Réponse. — Il en est de ce motif comme du précédent : il s'appliquerait très-bien à l'état de démence, mais non pas à notre espèce. Il a en vue principalement les procurations données à M. Bridan; mais, d'une part, il faut observer que cet honorable avocat n'avait pas à être plus sévère que la famille Dornier en matière d'appréciation de là santé d'esprit de la mère ; qu'avec l'assurance de ne faire servir son mandat qu'à des choses honnêtes et utiles, il n'avait pas de raison pour le refuser; qu'enfin l'argument du Tribunal prouve trop ou trop peu, car on lit dans l'Inventaire, page 1ʳᵉ, SÉANCE DU 20 JUIN 1833, que l'inventaire a lieu en présence « *de M. Pierre-Marie-* » *Jean-Baptiste Bridan, avocat, demeurant à Gray, au nom et comme fondé de* » *pouvoirs de Mᵐᵉ Dornier, qualifiée ci-dessus, suivant la procuration qu'elle* » *lui a donnée par acte sous seing privé* EN DATE DU 7 JUIN COURANT, *qui de-* » *meurera ci-annexée après avoir été certifiée véritable et signée par le man-* » *dataire, en présence du notaire et des témoins soussignés.* »

Mᵐᵉ Dornier était alors en état d'être interdite. Elle avait un administrateur provisoire, et cependant M. Bridan acceptait encore sa procuration!

5ᵉ MOTIF. — La lettre écrite par Mᵐᵉ Dornier, le 21 juillet 1828, à Joseph, démontre que Mᵐᵉ Dornier savait et comprenait le sens et la portée de la donation du 16 juin 1828, faite au profit de Fanfinet.

Réponse. — Nous avons dit comment cette lettre, écrite à la participation de plusieurs des enfants Dornier, n'était pas l'œuvre spontanée de Mᵐᵉ Dornier.

D'autre part, même en écartant l'affirmation qui précède, il faudrait remarquer qu'il est avéré qu'aussitôt après que la donation au profit de Fanfinet, du 16 juin 1828, a été connue des autres enfants, ils s'en sont émus, et se sont réunis autour de la mère en véritable conseil de famille; qu'en présence de leurs observations, la mère a bien pu écrire la lettre du 21 juillet; que cela n'était pas plus difficile que de soutenir telle ou telle partie de la conversation qu'elle a eue , en 1835 , avec les magistrats instructeurs ; mais que de même qu'une idée à peu près nette, qui se produit en 1835 dans le cerveau de Mme Dornier, ne suffit pas pour prouver sa santé d'esprit , parce qu'à côté de cette idée , il s'en trouve d'autres qui manquent complètement de sens, de même la lettre du 21 juillet 1828 ne serait pas un témoignage suffisant de raison , parce qu'on trouve à côté la petite note du 12 août 1828 , qui est un non-sens.

M. Fanfinet essaie encore de se prévaloir du petit billet sans date, rapporté dans notre Recueil de pièces, page 73.

Nous avons dit à la Cour pourquoi nous ne pensions pas que le bénéfice, s'il existe, pût lui en être laissé, et comment nous croyions, sans en avoir pourtant la certitude , puisqu'il n'y a pas de date , qu'il s'appliquerait plutôt au billet souscrit au profit de Joseph , le 6 décembre 1826. (Recueil, page 85.)

Dans la petite note sans date , il s'agit d'une donation se cachant sous la forme d'un acte à titre onéreux, stipulant que la valeur de la chose a été payée comptant à Mme Dornier ; qu'elle n'abandonnera cette chose qu'après sa mort, parce qu'il est naturel qu'elle la garde pendant sa vie.

Toutes ces circonstances s'appliquent au billet souscrit à Joseph. Plusieurs, au contraire, ne se retrouveraient pas dans la donation du 16 juin 1828.

6e MOTIF. — La donation du 16 juin 1828 s'explique, en dehors de toute idée de faiblesse d'esprit, par l'importance de la fortune de Mme Dornier, et par l'affection qu'elle portait à son fils.

Réponse. — Nos adversaires sont d'accord avec nous que la fortune de Mme Dornier était, en 1844, d'environ 7 millions. — Défalcation faite des dettes constatées à l'inventaire, elle n'était guère que de 4 millions en 1835, car elle s'est accrue de 3 millions environ pendant la période d'interdiction.

Pour une mère à qui il reste dix enfants, cette fortune d'environ 4 millions. est-elle assez considérable pour qu'on doive trouver si simple, si naturel de sa part, d'en détacher ainsi 402 hectares de forêts en pleine valeur ?

Quant à l'affection si grande, que Mme Dornier aurait eue pour son fils Fanfinet, nous n'avons besoin, pour la réduire à ses justes proportions, que de recourir aux lettres qu'elle lui écrivait les 13 septembre 1811 (page 73), 18 juillet 1822 (page 79 , 21 décembre 1823 (page 82), 16 décembre 1824 (page 84).

Nous ne disons pas que Mme Dornier avait contre son fils une haine profonde; mais les lettres que nous venons d'analyser ne permettent pas de
croire non plus qu'elle lui portât une affection bien vive.

C'est donc en dehors de ces prétendues raisons de fortune et d'affection
qu'il faut chercher la cause de la donation du 16 juin 1828.

En pleine santé, en 1820 et 1822, Mme Dornier défendait avec ténacité sa
fortune; achetant les bois de Dampierre, elle les marchandait à outrance;
elle ne considérait donc pas comme indifférente une somme de plus de trois
cent mille francs.

En pleine santé, en 1811, 1823 et 1824, son affection pour Fanfinet n'é-
tait pas bien intense, puisque alors elle écrivait en parlant de lui : « *Je n'ai pas*
» *oublié sa désobéissance et bien d'autres sottises qui ne s'oublient jamais ;* » et
que s'adressant à lui, elle ne craignait pas de lui écrire : « *C'est vous qui m'en*
» *avez le plus fait en tenant des propos infâmes...... Jamais vous n'avez eu*
» *d'amitié pour moi ; jamais je n'oublierai les propos que vous avez osé me*
» *tenir, en me disant que sans votre père, je mourrais de faim.* »

C'était là une impression profonde, car elle se reproduit en 1823 et en
1824.

Mme Dornier en avait conservé une rancune intense, puisque au bas de sa
lettre du 21 décembre 1823, elle écrit de sa main : « *Copie de lettre écrite à*
» *Fanfan Dornier, qu'il faut garder, même après ma mort, pour qu'on la*
» *voie.* »

Quelles sont donc les véritables causes de la donation?

C'est un an après l'accident de Mme Dornier, que la mère devient ainsi dé-
mesurément libérale envers son fils.

S'il faut en croire Fanfinet Dornier (lettre du 12 mai 1828), c'est la mère
qui, la première, a conçu l'idée de lui céder le bois de Dampierre. Il en rappelle le motif exprimé par elle. Ce serait à cause d'un voyage qu'il lui avait
fait faire à Paris, *dans le temps de son père.* Cette raison est bien futile. Elle
étonne Fanfinet lui-même, qui ne peut s'empêcher de le laisser voir : « Je me
» le rappelle à peine, dit-il; mais enfin, si j'ai fait quelque chose qui vous ait
» été agréable, je n'ai fait que mon devoir. »

N'y a-t-il pas dans cette circonstance toute une révélation de l'état mental
de Mme Dornier en mai 1828?

Le caractère dominant de l'altération de son esprit, en 1833, est l'oubli des faits récents, et le report de tous ses souvenirs à l'époque antérieure à la mort de M. Dornier.

N'est-ce pas un fait de même nature et de même physionomie que cette évocation, comme cause de libéralité, d'un voyage qu'elle aurait fait avec Fanfinet pendant la vie de M. Dornier?

Si nous en étions réduits à des indices de l'incapacité de Mme Dornier, en 1827 et 1828, ceux que nous venons de passer en revue seraient assez graves pour former la conviction des juges. Mais nous avons mieux que cela. Nos preuves sont devenues directes et positives.

En consultant la lettre écrite par M. Gravier à M. Guillaume, le 3 juin 1833, lettre que nous venons de retrouver, que nous avons fait imprimer, qui n'était pas faite pour servir de moyen d'argumentation, et qui émane d'un des hommes les plus honorables qu'il y ait eus en France, il ne pourra plus être permis de douter de cette incapacité de Mme Dornier, lors des donations de 1827 et 1828, et du scandale qu'elles avaient produit.

Cette lettre suffirait à elle seule, dans une cause où les magistrats sont jurés, pour déterminer la conviction.

Combien, à plus forte raison, pour le cas où la Cour hésiterait encore, ne doit-elle pas contribuer à faire ordonner l'enquête que nous sollicitons.

La Cour, en consultant ce document, y verra qu'en 1833, la question des rapports se trouvait jugée par Fanfinet et Auguste contre eux-mêmes. Elle en tirera cette conséquence, c'est que s'ils résistent aujourd'hui, ce ne peut être que parce qu'ils espèrent que le temps qui s'est écoulé depuis l'interdiction de leur mère, les a débarrassés de la notoriété publique qui les accusait, et nous a privés des preuves que nous pouvions accumuler contre eux.

De tout ce que nous venons de dire, nous nous croyons bien fondés à conclure que les actes faits par Mme Dornier, depuis le mois de mai 1827, sont nuls pour absence de consentement de sa part.

L'avocat de M. Auguste Dornier a commencé sa plaidoirie en disant, avec justesse, que la mère qui, dans les limites de la quotité disponible, avantage quelques-uns de ses enfants, exerce une véritable judicature [dans sa famille. Elle pèse les mérites et les démérites; elle proportionne la récompense aux bienfaits, le châtiment à la faute; elle vient en aide à ceux qui souffrent; elle relève ceux qui sont tombés.

En s'occupant des uns , elle songe toujours aux autres ; et les donations par lesquelles elle exprime sa volonté, sont la manifestation sincère et intelligente de sa justice comme de sa tendresse.

N'était-ce pas, pour trancher ces questions de famille, pour exercer cette judicature auguste, un étrange magistrat que Mme Dornier, qui ne savait plus combien elle avait d'enfants ; quels étaient leurs besoins ; ce qu'elle avait déjà fait pour les uns ou pour les autres, en quoi ils pouvaient avoir mérité ou démérité d'elle, ni quelle brèche ces libéralités avaient faite ou pouvaient faire dans sa fortune ; dont la volonté n'avait plus de ressorts ; à laquelle les motifs de décision échappaient , quand ils n'étaient pas le simple écho de la volonté d'autrui ?

Les adversaires n'ont-ils pas jugé leur procès, quand ils ont reconnu qu'il fallait, pour la validité des donations, un consentement équivalent à celui d'un juge, tandis qu'ils ne peuvent invoquer que celui d'une femme parvenue à cet état d'infirmités que la loi qualifie du nom d'imbécillité ?

EXAMEN DES QUESTIONS SPÉCIALES DE DONATION

EN CE QUI TOUCHE FANFINET ET AUGUSTE.

Donation du 16 juin 1828, au profit de Fanfinet.

Cette donation est attaquée par nous, par trois moyens.

Le premier, qui s'applique à toutes les libéralités faites par Mme Dornier depuis le mois de mai 1827, est tiré de l'incapacité de cette dame, de l'absence de tout consentement valable de sa part.

Le second et le troisième, qui ne sont que subsidiaires et pour le cas seulement où le moyen d'insanité d'esprit serait écarté, sont tirés de ce que le consentement de Mme Dornier aurait été du moins obtenu par captation et par dol , ou déterminé par l'erreur.

PREMIER MOYEN. — Insanité d'esprit.

La première partie de ce Mémoire ayant été consacrée à établir, en fait et en droit, le bien-fondé de ce moyen, nous n'avons pas à lui donner de plus amples développements.

DEUXIÈME MOYEN. — CAPTATION ET DOL.

Ce n'est en quelque sorte que surréogatoirement que nous allons discuter ce moyen et le suivant.

Il nous paraît en effet impossible, en présence des documents produits dans la cause, que notre premier moyen soit écarté.

Cependant, pour compléter notre discussion, nous ne devons pas négliger les autres raisons de décider qui militent en notre faveur.

Notre proposition est celle-ci : Si Mme Dornier était encore en état d'émettre une volonté, son consentement à la donation du 16 juin 1828, au profit de Fanfinet, n'a été obtenu que par captation accompagnée de pratiques artificieuses.

Voici nos justifications :

En droit, le consentement n'est valable que lorsqu'il est libre et réfléchi. Il est nul, lorsqu'il n'a été obtenu que par des pratiques caractéristiques du dol (articles 1109 et 1116 du Code Napoléon).

Les caractères du dol n'ont pas besoin d'être définis. Ils rentrent tous dans cette définition du droit romain : *Omnis calliditas, fallacia ad decipiendum, fallendumve adhibita.*

Les manœuvres qui le composent sont occultes par leur nature, et du reste parce que celui qui les emploie doit agir avec assez d'adresse, non-seulement pour ne pas se compromettre aux yeux des étrangers, mais encore pour que celui contre lequel est dirigée la ruse n'en aperçoive pas la trace. — Aussi n'exige-t-on pas, pour la démonstration du dol, des preuves aussi directes, aussi nombreuses qu'en d'autres matières.

La sagacité du juge sait le découvrir derrière le voile qui le cache. Il le reconnaît *à ses traces, à ses vestiges, ex indiciis perspicuis.*

Dans notre espèce, abstraction faite de la question d'insanité, nous voyons M. Fanfinet Dornier, spéculant sur la faiblesse de tête de sa mère, saisir au vol un propos sans portée qui lui serait échappé, à savoir : le souvenir qu'elle avait évoqué d'un voyage fait avant 1807 ; proposer à sa mère *une vente* (lettre du 12 mai 1828, page 45), puis aboutir à la convertir en une donation.

Comment y est-il parvenu?

Si son but était honnête, si ses moyens étaient avouables, si la volonté de sa mère était solidement arrêtée, il ne devait pas se cacher, il devait agir au grand jour.

Si au contraire sa conscience lui montrait, comme mauvaise, l'action qu'il allait faire ; s'il craignait qu'une seule observation d'un tiers vînt ouvrir les yeux à sa mère et faire avorter ses combinaisons, il devait s'entourer de mystère, écarter d'elle tout témoin importun ou suspect, toute personne en état de comprendre ou de donner un conseil.

Or, n'est-ce pas cette dernière série de faits qui s'est accomplie?

On a beaucoup invoqué, et à juste titre, l'honorabilité de M. Bridan, le conseil de la famille. Ce n'est pas à lui qu'on s'est adressé pour prendre avis sur cette donation. Il ne l'a apprise que par le bruit public.

Voyez la lettre de Fanfinet du 28 mai 1826, page 46.

Pour ne rien lui en dire, on allègue son absence de Gray ; mais cette absence ne pouvait être longue ; mais une ligne à l'adresse de M. Bridan l'aurait amené à Pesmes, auprès de Mme Dornier ; mais du 12 au 16 juin, il y avait encore assez de temps pour lui en parler. Eh bien non! il n'a pas été consulté. Nous invoquons son témoignage sur ce point comme sur tous les autres.

M. Fanfinet s'abrite derrière une prétendue consultation de Versigny (son avoué habituel), qui recommande l'emploi de la forme authentique.

Puis, voyez combien de précautions : 1° *Il faut que Mme Dornier soit seule; 2° on recommande la discrétion au notaire; 3° la chose sera toujours secrète ; 4° Mme Dornier doit écrire à Fanfinet qu'elle l'attend avec le Monsieur en question.*

Que signifie donc cette dernière précaution?

De quels yeux se cache M. Dornier? Pourquoi ces menées souterraines? Est-ce là la conduite de la loyauté irréprochable?

Puis, quand vient la confection de l'acte, qui a été certainement préparé d'avance, à vue de titres nombreux, qui prend-on pour témoins, en cette petite ville de Pesmes où il ne manque pas de gens recommandables? — Deux manœuvres : un charpentier et un maçon, auxquels il n'est pas même fait mention qu'on ait donné lecture de l'acte.

La conduite de Fanfinet, quand la donation a été connue, contient encore une révélation. Il se défend mal devant les accusations de la famille. Plaidant sa cause devant elle (lettre du 26 juillet 1828, page 47), il ne sait que récriminer contre ceux de ses frères qui ont pris part à la curée, et s'autoriser de leur exemple.

Cependant, comme cet argument ne peut être opposé au plus grand nombre des enfants Dornier, il cède devant leurs reproches, il se soumet, et, n'osant défendre sa conduite, il promet de rapporter 200,000 fr. (*Voir* note de Mme Dornier, du 12 août 1828.)

En présence de ces faits, que la Cour apprécie !

La mère pouvait encore dire oui, non ; mais elle ne pouvait plus ni réfléchir, ni juger. C'est en cet état que Fanfinet lui a fait signer une donation de 402 hectares de bois !

TROISIÈME MOYEN. — Erreur de Mme Dornier.

En restant hypothétiquement dans cette idée que l'altération des facultés mentales de Mme Dornier n'eût pas été assez profonde pour la rendre incapable DE DONNER, nous aboutirions encore à cette conséquence : L'acte de donation du 16 juin n'est pas conforme à l'intention de Mme Dornier. Elle n'a pas voulu faire une donation par préciput et hors part. L'erreur vicie son consentement.

En droit, cette troisième proposition s'appuie sur les articles 1109 et 1110 du Code Napoléon.

En fait, elle prend pour base la lettre de Mme Dornier à Joseph, du 21 juillet 1828. (Recueil de pièces, page 64.)

Nous posons à nos adversaires ce dilemme : Ou Mme Dornier n'était pas en santé d'esprit (et c'est notre thèse principale) ; ou, au contraire, elle jouissait de toute sa raison.

Dans le premier cas, la donation qu'elle a pu faire est nulle pour cause d'absence de consentement ; dans le second cas, Mme Dornier affirme qu'elle n'aurait entendu faire qu'une simple détermination de part, pour que Fanfinet fût certain d'avoir dans son lot le bois de Dampierre.

Si Mme Dornier a toute sa tête, c'est un témoin irrécusable. On lui a fait signer autre chose que ce qu'elle entendait faire. Vice d'explication ou autre cause, quoi qu'il y ait, Mme Dornier s'est trompée ou a été trompée.

Si M. Fanfinet Dornier se trouve maintenant embarrassé pour opposer à notre argumentation des témoignages qui puissent rassurer la justice, et combattre utilement celui de la mère de famille, il ne pourra l'imputer qu'à lui-même.

Quand on a, comme lui, recherché les ténèbres, on ne peut avoir les bénéfices de la lumière.

Pour nous résumer sur ces questions, relatives à la donation du 16 juin 1828, nous avons prouvé que la faiblesse d'esprit de Mme Dornier la privait de la capacité nécessaire pour contracter valablement.

Subsidiairement, nous avons fait voir comment, tout au moins, cette faiblesse la livrait sans défense aux tentatives cupides qu'on pouvait faire sur sa fortune, et comment M. Fanfinet Dornier a abusé de sa position pour la spolier.

Plus subsidiairement, nous avons montré qu'alors même que Mme Dornier eût été capable de consentir, la clause de préciput et hors part aurait été contraire à son intention, et serait viciée pour cause d'erreur.

Ces moyens doivent faire réussir l'exception de nullité que nous opposons à M. Fanfinet Dornier, pour écarter l'acte de donation qu'il oppose à notre demande en rapport (1).

BAIL, OU CESSION D'USUFRUIT
DU 5 DÉCEMBRE 1828.

Nous avons vu, soit dans la discussion orale, soit dans l'exposé général des faits du procès, que dès le 13 novembre 1828, M. Fanfinet Dornier avait fait des efforts incessants pour obtenir la cession de l'usufruit que

---

(1) Le Tribunal a dit que la voie de l'inscription de faux était seule ouverte contre la clause de l'acte notarié qui stipule le *préciput*. C'est une erreur. L'acte prouve que Mme Dornier a fait cette stipulation, mais non pas qu'elle l'a comprise et que son intention était de la faire. Sa lettre du 24 juillet 1828 constate qu'elle avait, en passant l'acte, une intention différente, exclusive du préciput.

sa mère s'était réservé sur les bois de Dampierre, et que, jusqu'au 5 décembre 1830, il avait échoué.

A cette dernière date, il a fait apposer par sa mère, sur un acte qu'il lui a présenté tout préparé, et signé par lui, une simple signature au moyen de laquelle il a acquis le droit de disposer de toutes les coupes des bois de Dampierre. Il a contracté en échange, vis-à-vis d'elle, l'obligation de lui payer 13,000 fr. par an.

Nous avons attaqué cet acte : 1° parce qu'il est nul comme émané d'une personne incapable ; 2° et subsidiairement parce qu'il constituerait, en le supposant valable, une donation indirecte au profit de Fanfinet, d'une somme d'au moins 5,000 fr. par an, et que cet avantage serait sujet à rapport.

En fait, Fanfinet a joui, depuis 1830, de tous les produits des bois de Dampierre. Il n'a versé dans la caisse de sa mère que certaines sommes dont le compte est à faire à vue des livres. Il prétend n'avoir dû payer que 13,000 fr. par an, et ne rien devoir au delà pour cet objet.

Nous lui répondons que si l'acte est nul pour absence de consentement, il doit faire état à la succession de la véritable valeur des produits des bois dont il s'agit, sans autre déduction que celle des sommes qu'il justifiera avoir payées.

Si la cession d'usufruit est déclarée valable, voici notre argumentation en fait et en droit :

En fait, les bois de Dampierre étaient régulièrement aménagés. Leur produit annuel était considérable, car le 9 juillet 1829 (Recueil, page 52), Fanfinet demandait qu'ils lui fussent cédés à raison de 15,000 francs par an.

Ce n'était pas là leur véritable prix. En effet, la coupe de 1824 a été payée par lui 19,230 fr. La lettre de M. Girardot du 14 septembre 1827 prouve que le commis de bois Têtefort a estimé l'assiette de 1828, 19,113 fr., et qu'un autre commis, le sieur Faivre, l'a estimée 16,292 fr.

En présence de ces chiffres, nous avons considéré que la valeur moyenne des coupes pouvait être portée à 18,000 fr. Fanfinet gagnait ainsi *cinq mille fr.* par an, par la convention du 5 décembre 1830.

La Cour peut s'en tenir à ce calcul, comme elle peut, en cas de doute, ordonner une vérification par experts conformément à nos conclusions.

En droit, s'il est reconnu que le produit annuel des bois excède notablement la somme de 13,000 fr., les conclusions à en déduire seront celles-ci :

Pour le cas de nullité de l'acte, Fanfinet Dornier sera un possesseur de mauvaise foi, et il devra le rapport des fruits à partir de son indue jouissance (art. 549 et 550 du Code Napoléon).

Pour le cas de validité, il devra le rapport, avec intérêts dès l'ouverture de la succession, des avantages indirects que lui aura fait obtenir la convention du 5 décembre.

Le Tribunal a nié cette vérité, en s'appuyant sur ce qu'il s'agirait d'abandon de fruits fait par la mère à son fils, et sur ce qu'un tel avantage serait dispensé du rapport par l'article 856 du Code Napoléon.

Le Tribunal émet, à propos de cette thèse, une opinion à laquelle nous ne pouvons nous associer. Elle consiste à dire qu'il importe peu que ces fruits soient l'accessoire de la chose donnée, ou qu'ils constituent eux-mêmes l'objet direct et unique de la libéralité.

Nous repoussons cette doctrine parce que l'article 856 ne dit pas ce qu'on lui fait dire. Il suppose une donation sujette à rapport, d'une chose susceptible de produire des fruits. Il décide, pour ce cas, que ces fruits sont acquis au donataire tant que subsiste la donation en avancement d'hoirie.

Supposons que la chose donnée soit un capital formé d'intérêts de capitaux, ou de fermages appartenant au donateur. — Ils sont eux-mêmes susceptibles de produire des intérêts. — On devrait, en adoptant la doctrine du Tribunal, dire qu'aucun rapport n'est dû, ni du capital ni des fruits, tandis que l'article 856 ordonne le rapport du capital.

La théorie que nous combattons amènerait à rechercher toujours, en matière de rapports, non la quotité des sommes données en avancement d'hoirie, mais leur origine.

Un père donnerait, le même jour, à son fils 500 fr. provenants d'une vente d'immeubles, et 5,000 fr. provenants d'un de ses fermiers, on devrait donc ordonner le rapport des 500 fr., et rejeter celui des 5,000 fr. !

Ces conséquences démontrent la fausseté du principe. L'article 843 ne fait pas la distinction qu'invoque le Tribunal, et c'est contrevenir à son esprit, comme à ses termes, que de la faire.

Si la convention du 5 décembre 1830, intervenue entre Fanfinet et sa mère, présentait pour lui un avantage indirect, le rapport est dû conformément à l'article 853.

C'est donc à tort que le Tribunal a refusé de faire droit aux conclusions que nous avions prises sur ce chef de réclamation.

Nous venons de passer en revue les arguments de fait et de droit utiles pour la solution des points qui forment l'objet de notre appel contre M. Dornier (Fanfinet.)

Nous réservons pour la discussion d'audience la réponse à son appel incident.

EXAMEN DES QUESTIONS QUI CONCERNENT AUGUSTE DORNIER.

M. Jean-Baptiste-Auguste Dornier a été, de notre part, l'objet d'une demande en rapport de 268,915 fr. 25 c. en principal, non compris tous intérêts légitimes.

Nos conclusions contre lui sont transcrites aux pages 4, 5, 6 et 7 de la copie du jugement dont appel. Les cinq premiers articles s'appliquent à des sommes qu'il a reçues avant sa majorité.

Nous avons été déboutés de notre demande en rapport de ces sommes. Nous n'insisterons pas sur ce point.

Sur les articles 6 à 31 inclusivement, le Tribunal a ordonné, avant faire droit, une vérification préalable des livres de Mme Dornier. Ce chef du jugement n'est attaqué par personne.

Sur l'article 34 relatif aux 105,000 fr. des traites Lépine, une enquête est ordonnée. M. Auguste ne demande pas la réformation de cette disposition (1).

Il ne reste donc plus en discussion devant la Cour que les n°s 32 et 33, relatifs à la donation du 1er septembre 1827, et à celle du 12 février 1832.

---

(1) Les appelants trouvent dans la lettre de M. Colin à M. Guillaume, du 28 septembre 1833, la preuve que la disparition des traites ou de quelques-unes d'elles était récente ; que la négociation en avait eu lieu à l'insu des commis et qu'ils faisaient des diligences pour empêcher M. Lépine d'en payer le montant au bénéficiaire, dont le droit était éminemment contestable et qu'on ne connaissait pas encore, *puisque M. Auguste affirmait y être étranger !*

37

Nous donnerons aussi quelques explications sur la constitution de pension au profit d'Auguste, du 16 juin 1828.

DISCUSSION.

OBSERVATIONS PRÉLIMINAIRES.

M. Auguste Dornier, le plus jeune des enfants, s'est vanté hautement, par l'organe de son avocat, d'avoir été *l'enfant gâté de sa mère*, et d'en avoir obtenu des sommes considérables.

Dans sa lettre du 7 septembre 1844, à Alfred, Fanfinet, qui sans doute était bien renseigné, évalue ces libéralités faites à Auguste, à trois fois la valeur des bois de Dampierre, c'est-à-dire à plus d'un million.

Quelque énorme que paraisse cette somme, l'allégation de Fanfinet se justifierait par les réflexions suivantes :

Mme Dornier avait, en 1810, environ 2,000,000 de fortune, composée de forêts et d'usines.

Les forêts ont au moins doublé de valeur depuis 1810 à 1833, par la seule augmentation du prix des propriétés. Les usines ont gagné pendant ce temps des sommes considérables. Aussi M. Auguste Dornier a-t-il fait plaider que sa mère n'avait pas eu moins de *cent cinquante mille fr.* de rente.

Elle avait fait aussi quelques bonnes spéculations. Par exemple, elle avait acheté à fonds perdu des bois valant plus de 200,000 fr., d'un M. Dutremblay qui est parti immédiatement pour l'Italie, et qui y a été tué pendant une ascension au Vésuve. Elle n'a rien payé de la rente viagère.

Elle a profité pendant plusieurs années des revenus de six de ses enfants mineurs, en ne payant que les frais de leur éducation et de leur entretien.

Admettons, en exagérant, que la dépense de Mme Dornier ait été de 50,000 fr. Elle aurait eu de reste 100,000 fr. par chaque année, soit, en 1833, une somme d'économies de 2,300,000 fr., non compris les intérêts.

Récapitulation. — Capital de 1810 . . .	2,000,000 fr.
Augmentation de sa valeur. . . .	2,000,000
Economies pendant vingt-trois ans .	2,300,000
Total . . .	6,300,000 fr.

Cependant, en 1833, son actif présente, déduction faite de ses dettes chez ses banquiers, environ 4 millions de fortune.

Le produit de ses propriétés était tel, que bien qu'on lui allouât depuis 1833 une somme annuelle considérable pour ses besoins, sa fortune s'est accrue, de 1833 à 1845, d'environ 3 millions.

Ces calculs démontrent qu'il a fallu, pour que Mme Dornier ne fût pas plus riche en 1833 qu'en 1810, qu'il y ait eu, comme l'affirme M. Fanfinet, de grands détournements, ou un étrange gaspillage dans sa maison.

MM. Fanfinet et Auguste, qui le savent et qui en ont profité, osent cependant trouver singulier qu'on leur demande le rapport de quelques valeurs. Ils ont la hardiesse de faire dire, en leur nom, devant la Cour :

« Oui, nous demandions incessamment à notre mère ; nous ne nous las-
» sions pas de solliciter ses dons ; tant pis pour les absents ! »

Nous livrons, sans commentaires, à la conscience de nos juges ces paroles significatives ; qu'ils se les rappellent quand ils auront à délibérer sur notre cause, et nous serons sans inquiétude sur le résultat.

M. Auguste était animé de ces beaux sentiments lorsqu'il s'est agi de la donation du 1er septembre 1827.

Il avait acheté, le 16 juillet 1826, en minorité, pour un prix de 20,000 fr., des époux Rossigneux, un lot de vignes situées sur les territoires de Pesmes et de Sauvigney-lez-Pesmes. L'acte était sous seing privé, non enregistré.

Le même jour, ses vendeurs lui avaient donné une procuration notariée pour revendre ces vignes.

Ce même jour encore, Mme veuve Dornier, se portant fort pour son fils Auguste, achète pour lui des époux Rossigneux, au prix de 20,000 fr., leur maison de Pesmes dite *les Capucins*.

Ces prix ne sont pas payés comptant.

Le 21 octobre 1826, M. Auguste, devenu majeur, ratifie l'acquisition faite pour lui par sa mère.

Tout cela s'est passé avant l'accident de Mme Dornier. Nous n'y voyons encore aucune libéralité.

Mais le 1er septembre 1827, trois mois à peine après sa chute, alors qu'elle était encore très-malade de corps, trois actes sont, coup sur coup, passés entre elle et son fils Auguste par le ministère du notaire Cornet, venu de Gray tout exprès.

M. Dornier, qui était propriétaire, ainsi que nous l'avons dit, des vignes et de la maison Rossigneux, vend à sa mère, par un premier acte notarié, ses vignes pour un prix exprimé de 12,000 fr. — Il agit sous le nom des époux Rossigneux, et en vertu de leur procuration.

Par un second acte, il vend encore à sa mère sa maison, pour 20,000 fr.

Par un troisième acte, sa mère lui donne, entre vifs, ces mêmes immeubles. On arrive ainsi à payer deux droits de mutation.

Pour quel motif les actes sont-ils ainsi bizarrement entassés? Est-ce pour que la mère se trouve chargée, par un détour dont elle aura plus ou moins conscience, de payer le prix de ces immeubles pour son fils, et de le lui abandonner par préciput et hors part?

Les actes multiples sont-ils là pour mettre en déroute le peu de clairvoyance qui pourrait lui rester encore? Nous aimerions à penser le contraire.

Il nous est pourtant pénible de voir : 1° que l'époque choisie par M. Auguste, pour se faire faire cette donation, est précisément celle où les souffrances de sa mère ont encore le plus d'intensité; 2° que le nombre et la forme des actes sont de nature à autoriser le soupçon; 3° enfin, qu'on s'est caché pour les faire, comme le prouvent les noms des témoins instrumentaires, l'un conducteur de voitures à Gray, l'autre charpentier à Igny.

M. Auguste essaie de légitimer la voie suivie par son notaire. — Sa mère aurait voulu, dit-il, le défendre contre sa propre dissipation. — Cette confession est sans doute pleine d'humilité; mais elle ne nous touche pas.

Il était si facile à la mère, si elle payait pour son fils, de se faire donner par les vendeurs une quittance subrogatoire, et de rester ainsi créancière privilégiée du prix de ces immeubles, que nous sommes obligés de conserver nos doutes sur la rectitude morale de l'opération faite au profit de M. Auguste.

Les détails de cette discussion ont été développés à l'audience; la Cour en a conservé suffisamment le souvenir.

La donation doit-elle être maintenue? Non, si la Cour déclare, comme nous l'espérons, que la volonté de Mme Dornier n'était plus, en septembre 1827, suffisamment éclairée et intelligente pour assurer la validité de l'acte.

Non encore, si elle pense que cette donation est le résultat d'une captation accompagnée de pratiques artificieuses employées pour faire agir Mme Dornier.

Si la donation dont il s'agit est déclarée nulle, M. Auguste Dornier devra rapporter à la succession de sa mère : 1° la valeur des objets donnés, estimés par les experts 62,000 fr., ou tout au moins celle à déterminer par une nouvelle expertise. — Il devra le rapport des fruits comme possesseur de mauvaise foi, aux termes des articles 549 et 550 du Code Napoléon.

DONATION DU 12 FÉVRIER 1832.

Le 12 février 1832, Mme Dornier, à l'occasion du mariage de son fils Auguste, lui a fait donation, par préciput et hors part, d'une somme de 30,000 f. payable au décès de la donatrice. Elle s'est engagée à lui en servir l'intérêt annuel à 5 pour 100.

Si cette donation était seule, et si nous n'avions pas à reprocher à M. Auguste Dornier l'étrange abus des bontés de sa mère, nous pourrions ne pas trouver exorbitante la donation qui nous occupe. Elle est de celles qu'on peut avouer, et le nom des témoins qui y ont concouru prouve que, cette fois du moins, on n'a pas agi dans l'ombre.

Mais la part que M. Auguste s'est faite est trop large, pour qu'il n'y ait pas justice à la réduire.

C'est avec raison, c'est d'accord avec l'équité, autant qu'avec le droit strict, que nous demandons contre lui la nullité de cette donation, faite à une époque où la mère ne pouvait pas valablement consentir.

Ici encore, on nous oppose la participation, à l'acte de donation, de M. Bridan qui, par parenthèse, *n'a jamais été consulté, ni pour la donation du 1er septembre 1827, ni pour celle du 16 juin 1828, ni pour la cession du 5 décembre 1830.* (On en aura la preuve dans l'enquête.)

Nous nous sommes expliqués déjà sur la signification que peut avoir son acceptation des pouvoirs de Mme Dornier. Puisqu'on l'invoque sans cesse, pourquoi repousse-t-on son témoignage direct? Les adversaires auraient-ils donc peur des renseignements qu'il fournirait à la justice?

ACTES DES 2 MAI ET 16 JUIN 1828.

Ces actes, rapportés dans le Recueil de pièces, aux pages 97 et 96, ne paraissent pas, en eux-mêmes, présenter un caractère de libéralité bien marqué. Cependant ils doivent fixer l'attention de la Cour.

L'acte du 2 mai, qui a été fait à Gray, *en l'absence et sans l'aveu de Mme Dornier,* dont il ne porte pas la signature, avait un but que nous allons signaler.

Il donnait à Auguste, vis-à-vis de sa mère, une position de créancier. Elle l'autorisait à réclamer à la caisse des à-compte sur son capital. Le caissier demandait à Mme Dornier s'il devait payer. — Elle ne savait plus et ne pouvait plus dire *non.* M. Auguste ne manquait pas de dire en sa présence, au caissier. que la somme qu'on lui remettait devait être portée, non pas à son débit, mais à celui de sa mère, qui pouvait bien lui faire ce cadeau. — Elle disait un nouveau *oui ;* et le prêt devenait ainsi, pour M. Auguste, une poule aux œufs d'or.

L'acte sous seing privé du 16 juin 1828 a assuré à Auguste le paiement régulier, et par anticipation, de 3,000 fr. par an. — Il ne lui a coûté qu'une signature à faire mettre au bas d'un acte tout préparé.

La Cour en remarquera la date.

L'acte peut avoir été fait depuis le 16 juin au 30 juillet 1828, comme aussi il peut avoir, pour date réelle, le 16 juin 1828. En ce dernier cas , il sera une preuve de plus de l'étrange facilité avec laquelle on obtenait de Mme Dornier des signatures pour toute espèce d'actes.

L'intérêt pécuniaire, en ce qui le concerne, est peu considérable pour nous, puisqu'il ne s'agit que d'un compte à faire entre la succession et M. Auguste. Elle lui doit compte des capitaux et des intérêts qu'elle a touchés pour lui, comme il doit compte des sommes qu'il a reçues à valoir

Nous n'avons fait qu'effleurer la question des 105,000 fr. — L'enquête la mettra dans tout son jour.

Mais dès aujourd'hui , certaines choses nous sont acquises , dont nous avons le droit de nous emparer pour en déduire les conséquences utiles à notre cause.

Lorsque, pendant l'inventaire, on s'est aperçu de la disparition des 105,000 fr. des traites Lépine , M. Auguste a été immédiatement accusé d'en être le détenteur illégitime. — La lettre de M. Colin à M. Guillaume du 28 septembre 1833 , timbrée de la poste, prouve qu'en présence des accusations formelles qui pesaient sur lui, M. Auguste Dornier jouait l'indignation en disant qu'il n'avait aucune connaissance de toute cette affaire des traites, et en affirmant qu'il n'y était pour rien.

Cependant, lorsque, devant le Tribunal, nous avons articulé contre lui des faits précis, en demandant à en faire preuve, il s'est décidé à des aveux incomplets. Il a confessé avoir eu cinq des traites Lépine, et en avoir tiré 75,000 fr. — Mais il prétend, en se réfugiant derrière l'indivisibilité de son aveu, que sa mère les lui aurait données par préciput et hors part.

Nous n'avons pas à nous embarrasser de cet aveu. Nous prendrons ailleurs toutes nos preuves. Mais la Cour remarquera comment les biens de Mme Dornier étaient, depuis 1827, entamés par la cupidité insatiable de quelques-uns de ses enfants.

Nous ne consacrerons, dans ce Mémoire, aucune place aux réclamations dirigées en instance contre les autres membres de la famille Dornier, Joseph, Louis, Dornier aîné, etc. etc.

La discussion orale a suffi pour ce qui les concerne. Nous avons hâte de clore ces longs débats.

Qu'il nous soit permis cependant de repousser les insinuations dirigées contre les appelants, et spécialement contre Alfred Dornier.

Il n'est pas seul demandeur dans ce procès, où deux membres de la famille, Mme Moine et M. Guillaume, font cause commune avec lui, et dans lequel Louis-Philippe Dornier lui a témoigné une entière approbation de sa conduite.

Cette conduite est celle d'un homme dont les sentiments sont froissés par le spectacle de l'avidité avec laquelle une partie des membres de la famille a abusé de l'absence de l'autre partie, pour s'enrichir à ses dépens, contraint, à force de dilapidations des enfants, à provoquer l'interdiction de leur mère, à violer des promesses solennelles.

S'il joue ici le rôle de juge, s'il veut punir les iniquités commises, il en a le droit, car il n'a rien à se reprocher.

Il n'a demandé sa portion des héritages paternels et maternels qu'à la loi, sans rien vouloir au détriment de ses frères et sœurs.

Ce n'est pas lui seul qui, en 1833, réagissait contre les actes de Faulinet et Auguste Dornier. — M. Gravier, M. Guillaume, et ses frères, Louis-Philippe et Jean-Baptiste, agissaient de concert avec lui.

Chacun d'eux protestait avec énergie contre les donations arrachées à la faiblesse d'esprit de leur pauvre mère. — Chacun d'eux cependant eût bien voulu trouver une solution préférable à celle que présentait l'interdiction.

Quatre d'entre eux écoutaient de bonne foi les propositions d'accommodement qui leur étaient faites. — Mais de la part de MM. Fanfinet et Auguste Dornier, elles paraissaient cacher un piége. Ç'a été l'opinion de M. Gravier, exprimée dans sa lettre du 3 juin 1833 (imprimée).

Ils consentaient à rapporter chacun 150,000 fr. Aujourd'hui ils refusent tout rapport !

Pendant qu'ils négociaient, ils cherchaient à détacher de la ligue formée contre eux, quelques-uns de ses membres. M. Dornier aîné avait fini par se laisser entraîner par leur exemple.

La Cour verra qu'il a produit à M. Colin, administrateur provisoire de Mme Dornier, le 23 février 1835, un bail fait à son profit, à vil prix, par sa mère, des usines de Pesmes. Il voulait s'en prévaloir. Sa date était la même que celle de la donation des bois de Dampierre faite à Fanfinet.

Une lettre du notaire Voilliard, du 15 février 1835, qui passera également sous les yeux de la Cour, lui fera voir que la reprise de la procédure en interdiction était devenue obligatoire pour mettre un frein à toutes les iniquités qui menaçaient d'engloutir la fortune de Mme Dornier.

En présence d'un pareil désordre qu'il faut réparer, de pareilles fautes qui appellent une répression, les Tribunaux ne sauraient manquer aux devoirs que la loi leur impose.

Nous comprenons qu'ils hésitent à annuler des actes à titre onéreux, à faire perdre, par exemple, à un acheteur, une chose dont il a payé le prix ; en un mot, à inquiéter, au nom du droit, toute position que l'équité protége ; mais ici, rien de pareil ne se présente. — Les enfants tenus de rapporter ne feront que des restitutions partielles. Ce qu'ils rendront, ils ne l'ont obtenu que par des voies illégitimes.

La Cour en est déjà convaincue. La lettre de M. Gravier, du 3 juin 1833, achèvera de l'éclairer sur l'état mental de Mme Dornier depuis 1827.

La démonstration sera portée à un degré plus grand d'évidence, si c'est possible, par le document suivant qui vient de nous parvenir. — C'est une lettre, timbrée de la poste, que Mme de Légéas écrivait, le 25 juin 1828, neuf jours après la donation faite à Fanfinet, et dans laquelle elle rend compte à M. Guillaume de l'état d'esprit de sa mère, et de ce qui se passe autour d'elle.

Elle est ainsi conçue :

« Vous avez su, Monsieur, le malheureux accident arrivé à ma mère
» *il y a un an ;* les douleurs qu'elle a éprouvées ont été SI VIOLENTES que
» SES ORGANES S'EN ÉTAIENT BEAUCOUP AFFAIBLIS. — J'ai toujours espéré que
» SES FORCES MORALES REVIENDRAIENT. — Malheureusement on en profite
» à notre détriment, et au vôtre par conséquent, puisque les intérêts
» d'Emile sont les mêmes.
» M. Girardot, qui était son premier commis, avait, je ne sais pourquoi
» ni comment, pris les intérêts d'Auguste, mon frère, tellement à cœur,
» que même PENDANT QU'ELLE ÉTAIT FORT MALADE, on la tourmenta pour
» une somme de soixante mille francs qu'Auguste voulait avoir, plus une
» pension de cinq ou six mille francs, et tout cela par acte notarié et bien en
» ordre. — J'étais là, mais je n'en sus rien. — Quand je l'appris, je fis des
» observations à maman sur la facilité avec laquelle elle signait tout ce qu'on
» lui demandait ; elle n'en fut pas mécontente, et même *prétendait qu'elle*
» *croyait n'avoir donné que la jouissance de la maison* et domaine de
» 60,000 fr. — Nous lui prouvâmes bien qu'elle se trompait ; alors elle
» se rejeta sur M. Girardot, disant qu'il l'avait trompée.
» Enfin, *elle ne savait pas trop ce que c'était que tout cela,* parce que SA
» MÉMOIRE A TELLEMENT FAIBLI que C'EST PRESQUE INCROYABLE ; car malgré le
» mécontentement où elle paraissait être, elle a depuis encore ajouté au
» nôtre par différentes sommes *qu'on lui arrache.*
» Elle se fait une grande peine de réfuter constamment ce qu'on lui de-
» mande, *au point d'en pleurer ;* et, *pour sortir de peine,* ELLE SIGNE. *C'est le*
» *moyen qu'emploie Auguste.*
» Hier, il est passé ici et m'a appris une nouvelle bien alarmante, c'est
» qu'elle vient de signer une donation du bois de Dampierre à Fanfinet. —
» C'est un objet de 400,000 fr. ; et Auguste a ajouté : « *On peut lui faire*
» *signer maintenant tout ce qu'on veut ;* elle consent à tout. »

» En effet, il en sort quelque chose pour moi, *j'ai été stupéfaite d'un*
» *pillage semblable.* Ma première idée a été d'en écrire de suite à ma mère,
» qui est aux eaux de Luxeuil avec Philippe Rochet ; puis j'ai hésité. — Les
» gens qui l'entourent *voudraient bien m'éloigner d'elle,* et peut-être par-
» viendrait-on, en dénaturant mes sentiments, à la mécontenter, de sorte
» que je viens vous consulter. — Vous vous entendez mieux que personne
» aux affaires, et me dirigerez ; car je n'ai autour de moi personne qui
» puisse me conseiller sûrement, et que la discrétion est un point essentiel.

» Je crois donc que je dois dire à ma mère qu'on lui a fait commettre
» une injustice, que cela produit la désunion dans la famille, ce qu'elle
» semble craindre maintenant.

» S'il y a un moyen de réparer, — sauf votre avis, — serait de la prier
» de signer un acte portant tous nos noms et celui d'Emile, — excepté Fan-
» finet, — que nous avons chacun droit à 400,000 fr. pour équivaloir à la
» propriété du bois qu'elle vient de lui donner, sauf à partager ensuite tous
» ensemble.

» Je suis sûre que ma mère ne me refusera pas, si mes frères, c'est-à-dire
» un ou deux, me soutiennent. — Mais je ne leur en parlerais que peu de
» jours avant, crainte que Fanfinet ne vienne à la traverse, et il faudrait que,
» lorsque je parlerai, *j'aie la pièce nécessaire et bien conditionnée pour la*
» *faire signer.*

» Arrangez comme vous voudrez ; je vous donne une idée de femme qui
» n'a jamais compris les affaires ; mais seulement pour vous donner la
» mesure de ce que je comprends et puis faire.

. . . .

» *C'est une chose bien triste que la position de ma mère :* ses forces sont si
» longues à revenir que je ne conserve d'espoir que dans l'effet des eaux.

» A part sa faiblesse, elle n'est pas maigre, parce qu'elle a toujours de
» l'appétit.

» Adieu, Monsieur ; embrassez Emile bien tendrement pour moi, et
» recevez l'assurance de ma considération.

» *Signé :* C. LÉGÉAS.

» Dijon, 25 juin. »

46

Adresse : « M. Achille *Guillaume,* à Bellevue, par Sèvres, près Paris. »

« Enregistré, etc. »

Cette lettre, que nous n'avions pas en instance, et qui ne nous a été remise par M. Guillaume, qui venait de la retrouver, qu'après l'audience du 15 mars 1854, justifie toutes nos allégations. Nous n'avions rien dit qui ne fût vrai, rien supposé d'inexact, rien articulé en preuve qui ne se trouve actuellement vérifié.

C'est bien à l'accident de Mme Dornier qu'est dû l'affaiblissement de ses organes. C'est bien pendant sa maladie qu'Auguste s'est fait faire la donation du bien de Pesmes.

Dès lors, Mme Dornier n'avait plus de résistance, elle signait tout ce qu'on voulait ; mais elle ne comprenait rien des conséquences et de la portée de ses actes.

Sans doute elle n'était pas en démence. Le dérangement de ses facultés n'a jamais présenté ce caractère. Mais les ressorts de la volonté et de la mémoire étaient tellement affaiblis chez elle, que nous avons eu raison de caractériser son état en disant qu'il était un des degrés d'imbécillité dont parle l'article 489.

Il n'y avait pas de raison pour que ses commis cessassent de lui écrire et de lui rendre compte. Elle en comprenait ce qu'elle pouvait.

Ce n'est donc pas par les lettres qu'on lui a écrites, ni par les simples signatures qu'on en a obtenues, qu'il faut contrôler sa santé d'esprit ; c'est par des lettres écrites par elle, de sa propre main. Or nous attendons encore, mais en vain, des documents de cette nature postérieurs au 24 août 1828.

Les considérations qui précèdent et celles déduites à l'audience doivent faire admettre les conclusions des appelants, qui tendent :

A ce qu'il plaise à la Cour, recevant l'appel émis par eux du jugement du 6 avril 1852, et faisant ce que les premiers juges auraient dû faire, leur adjuger les conclusions qu'ils avaient prises en première instance, qui n'ont pas été admises par le Tribunal.

En conséquence, déclarer dès à présent nuls et non avenus pour cause d'incapacité mentale, ou du moins pour cause de captation, d'erreur et de fraude, les actes par lesquels Mme Dornier a constitué, au profit d'Alexandre-

François-Bernard Dornier, des donations par préciput et hors part, et notamment la donation du 16 juin 1828 ; dire que l'objet de ladite donation sera rapporté à la succession de Mme Dornier, ainsi que tous les fruits qui en ont été perçus par le sieur Alexandre Dornier, à partir de la mort de sa mère, ou du moins dire qu'il devra rapport à ladite succession, pour cet objet, d'une somme de 521,761 fr. 50 cent. ;

Dire encore qu'il devra faire rapport à ladite succession, avec intérêts légitimes, de tous les fruits des biens compris dans ladite donation à partir de décembre 1830, jusqu'au décès de Mme veuve Dornier, sauf à lui faire état de toutes sommes qu'il justifiera avoir versées à compte ;

Evaluer lesdits fruits à la somme annuelle de 18,000 fr. ; ou du moins ordonner qu'ils seront estimés par experts qu'il plaira à la Cour commettre à cet effet ;

Adjuger, au surplus, aux appelants toutes les conclusions prises par eux en première instance contre ledit sieur Alexandre Dornier, lesquelles sont au besoin tenues pour répétées.

En ce qui concerne M. Jean-Baptiste-Auguste Dornier : déclarer nulle et non avenue la donation que lui a faite sa mère le 1er septembre 1827 ; dire que l'objet en sera rapporté, avec tous intérêts légitimes, à la succession de ladite dame Dornier; du moins le condamner à en rapporter à ladite succession la valeur qui sera fixée en principal à 62,000 fr., avec tous intérêts dès ladite époque ; dire qu'il devra faire état à la succession des frais des actes intervenus entre lui et sa mère le 1er septembre 1827 ;

Déclarer également nulle et sujette à rapport la donation de 30,000 fr. à lui faite le 12 février 1832 et confirmée par son contrat de mariage; le condamner au rapport des intérêts de ladite somme depuis qu'il l'a reçue;

Dire que lesdites donations sont nulles, soit pour cause d'incapacité mentale de la part de Mme veuve Dornier, soit pour cause de captation et de dol ;

Maintenir, au surplus, toutes les conclusions prises en instance, soit par M. Alfred Dornier, soit par Mme Moine et M. Guillaume, contre ledit sieur Auguste Dornier ;

Dire que ce dernier ne pourra se prévaloir contre la succession de sa mère, pour se dispenser des rapports qui lui sont demandés, d'aucun acte quelconque, sous quelque titre, forme ou dénomination qu'il puisse exister, postérieur au mois de mai 1827 ; dire que les sommes que, d'après les livres, il sera reconnu avoir reçues de sa mère seront rapportées par lui, même dans le cas où elles figureraient sur lesdits livres comme remises à titre de pension.

Subsidiairement, et avant faire droit sur le mérite des conclusions qui précèdent, tendantes à la nullité des donations faites aux sieurs Alexandre et Auguste Dornier, admettre les appelants, MM. Alfred Dornier, Guillaume, et Mme Moine, à faire, tant par titres que par témoins, preuve des faits suivants :

1° Qu'au mois de mai mil huit cent vingt-sept, Mme Dornier s'est brisé, en tombant, le col du fémur ; qu'elle avait alors soixante-dix ans, et qu'elle a été pendant plus de deux mois en danger de mort ;

2° Qu'au mois de juin suivant, M. Alfred Dornier est arrivé de Paris pour la voir ; qu'il s'est rencontré chez elle avec M. Gravier, son gendre ; qu'elle ne les a reconnus ni l'un ni l'autre ; qu'elle demandait souvent : « Qui sont ces Messieurs ? » Qu'on le lui disait, mais que quelques instants plus tard elle recommençait la même question ;

3° Que dans les mois de juin, juillet et août mil huit cent vingt-sept, en un mot depuis son accident du mois de mai jusqu'à son interdiction, son état mental ne la mettait pas à même de reconnaître, ni ses enfants, ni ses principaux commis, ni les habitants de Pesmes qu'elle voyait le plus familièrement ; et qu'elle demandait constamment qui ils étaient, un instant après qu'on venait de lui décliner leurs noms ;

4° Qu'au mois de septembre suivant, son état mental ne s'était pas amélioré, mais que son état physique permit de la conduire aux eaux de Luxeuil, couchée dans sa voiture ;

5° Qu'à Luxeuil, elle est toujours restée dans la même position morale, tenant des discours sans suite et vides de sens, ne reconnaissant ni son domestique qui lui donnait à manger, ni son médecin, ni le sieur Daval chez lequel elle logeait, ni le sieur Richard qui lui fournissait ses aliments, quoiqu'elle les vît tous plusieurs fois par jour ;

6° Que les eaux n'apportèrent aucune amélioration à son état mental ; qu'elle a continué à ne reconnaître aucun de ses enfants ni de ses commis, faisant à chaque instant la même question, sans se rappeler qu'on venait déjà d'y répondre plusieurs fois ;

7° Que depuis le mois de mai mil huit cent vingt-sept, elle se persuadait toutes sortes d'extravagances qu'elle se plaisait à raconter aux personnes qui l'approchaient ; qu'un jour elle disait qu'elle avait vu le roi, un autre la reine, avec laquelle elle avait eu une conversation ; que d'autres fois elle se persuadait que son cocher emportait l'avoine destinée anx chevaux, ou que l'on passait le pain et la farine par les grilles du jardin ; qu'elle prétendait aussi avoir donné la jouissance de ses bois de Dampierre à M. Alexandre Dornier, son fils, parce qu'elle y aurait aperçu un loup ;

8° Que depuis la même époque du mois de mai mil huit cent vingt-sept, elle ne pouvait plus lire ni écrire ; qu'elle ne signait même son nom qu'avec beaucoup de difficulté et sans savoir ce qu'elle signait ; que le plus souvent, lorsqu'on lui présentait la boîte des lettres à son adresse, elle les ouvrait, puis les prenant au rebours ou de côte, elle faisait semblant de les lire ; qu'ensuite elle les mettait sur ses genoux où ses chiens, qui ne la quittaient jamais, s'en saisissaient et les mettaient en lambeaux sans qu'elle s'y opposât, et que beaucoup de lettres se sont trouvées égarées ou perdues ;

9° Que depuis que Mme Dornier a pu se lever, elle emportait dans sa chambre tout ce qui lui tombait sous la main, vieilles casseroles, éponges, brosses ; que tout ce dont elle pouvait se saisir était entassé par elle pêle-mêle avec ses robes, son linge et même son argent ; que notamment en mil huit cent trente-un, elle s'était emparée de la chemise du valet de chambre, croyant qu'elle était la sienne, qu'elle l'avait emportée dans sa chambre, et ce ne fut qu'avec beaucoup de difficultés qu'on pût la déterminer à s'en dessaisir ;

10° Que depuis son accident, Mme Dornier ne s'occupait plus de l'administration de ses affaires, qui était entièrement confiée à son régisseur et à ses commis, qui ne pouvaient la consulter en quoi que ce soit, ni lui rendre aucun compte, et qu'il en a été ainsi jusqu'à son interdiction ;

11° Que toujours depuis la même époque, Mme Dornier n'avait plus de capacité pour gouverner sa personne ; qu'elle était sans cesse entourée d'une douzaine de chiens dont elle ne pouvait pas même se rappeler les noms et au milieu desquels elle passait sa vie ; qu'en effet elle ne sortait de sa chambre qu'à cinq ou six heures du soir pour dîner, et qu'elle n'y rentrait qu'à dix heures, qu'elle se retirait avec ses chiens qui passaient la nuit dans la même chambre qu'elle, en sorte qu'elle était continuellement au milieu de leurs ordures, au point qu'il n'était pas possible à toute autre personne de s'y tenir à cause de l'odeur infecte qu'on y respirait, et que personne n'était admis à y pénétrer.

12° Que cette chambre était tellement insalubre, que Mme Dornier y avait souvent des faiblesses qui duraient deux ou trois heures, sans qu'il fût possible de lui porter secours ;

13° Que depuis mil huit cent vingt-sept, Mme Dornier ne savait nullement ce qui se consommait chez elle ; qu'elle ignorait également le produit de ses propriétés ainsi que leur valeur ; qu'elle ne pouvait pas dire si c'est le fourneau qui fait le fer ou la forge, si l'on brûle du charbon pour le faire ou du bois ; quels sont les objets que l'on emploie, pas plus que le lieu d'où on les tire ; enfin qu'elle ne pouvait comprendre ni traiter l'affaire la plus simple ;

14° Que dans le mois de janvier mil huit cent trente, M. Martinecourt, qu'elle avait beaucoup connu, étant venu à Pesmes dans l'intention de retenir à titre de bail le fourneau de Renaucourt, qui appartenait à Mme Dornier , présenta à cette dame M. Borne, son gendre, qui l'accompagnait ; que pendant le dîner, Mme Dornier ne parla que de ses chiens, qu'elle demanda plusieurs fois à M. Borne si M. Martinecourt était marié ; que lui ayant répondu affirmativement plusieurs fois, il finit par lui dire que M. Martinecourt n'était pas marié, sans qu'elle se fût aperçue de la différence de réponses ; qu'après ce dîner, ces Messieurs essayèrent de parler de l'objet de leur voyage qui était l'amodiation du fourneau de Renaucourt, mais que Mme Dornier ne put prendre aucune part à la discussion, qu'elle ne concevait rien à cette affaire, qu'on essaya vainement à lui faire dire quelque chose et que les paroles qu'on en put obtenir étaient tellement vides de sens et étrangères au traité qu'il s'agissait de conclure, qu'on se vit forcé de la laisser dormir.

15° Qu'à la suite de son interrogatoire du neuf juillet mil huit cent trente, devant M. Barberot, conseiller, ce magistrat ayant fait observer à Mme Dornier qu'il était étonnant qu'elle eût quarante-cinq ans quand son fils Alexandre déclarait en avoir quarante-quatre, elle persista dans sa réponse et en disant qu'elle s'était mariée fort jeune ; qu'elle tint alors des discours sans suite et sans aucun sens, qui frappèrent les personnes présentes par leur incohérence et leur absurdité.

16° Que M. Joseph Dufournel s'étant trouvé à dîner chez Mme Dornier quelque temps après la mort de sa femme, elle lui demanda comment se portait Mme Dufournel; que M. Dufournel lui ayant dit qu'il avait eu le malheur de la perdre, elle renouvela la même question un instant après, qu'elle la répéta tant de fois sans s'apercevoir combien elle était pénible pour M. Dufournel, que celui-ci fut obligé de quitter la place qu'il occupait près d'elle.

17° Que M. Robinet, de Gray-la-Ville, ayant, dans le cours de l'année mil huit cent trente, accompagné à Pesmes un des fils de Mme Dornier, celle-ci ne cessa de lui demander comment se portait sa dame, bien qu'il se fût empressé de répondre dès la première question qu'il n'était pas marié.

18° Que Mme Dornier ayant depuis longtemps formé une demande pour établir un second fourneau à Pesmes, une ordonnance l'a autorisée à faire cette construction peu après la révolution de juillet mil huit cent trente; qu'elle raconta à cette occasion à plusieurs reprises et à plusieurs personnes qu'elle était allée à Paris par hasard et se promenait au bois de Boulogne; qu'elle aperçut devant elle le roi dans une voiture attelée de deux chevaux noirs et qui étaient plus beaux que les siens; qu'il descendit de voiture, vint à elle ayant un papier à la main et lui dit : « Mme Dornier, je sais que vous voulez établir à Pesmes un second fourneau, en voici la permission ,. et tout ce que vous me demanderez vous sera accordé. » Que d'autres fois elle plaçait à Besançon l'entrevue qu'elle dit avoir eue avec le roi; qu'enfin elle ignorait non-seulement la valeur de cette construction, mais encore le nom de la personne qui en a eu l'entreprise.

19° Que Mme Dornier a conservé dans ses écuries depuis mil huit cent trente jusqu'à mil huit cent trente-trois, trois chevaux qui ne pouvaient plus se tenir sur leurs jambes à cause de leur âge et qui étaient suspendus, qu'elle les faisait nourrir avec beaucoup de soin, prétendant que c'étaient des poulains, et qu'on les a fait disparaître sans qu'elle s'en aperçût.

20° Qu'en mil huit cent trente-un, M. le préfet fit sa tournée dans le département; il vint à Pesmes ; que Mme Dornier le prit pour le roi et que l'on eut beaucoup de peine à l'empêcher de dire : Sire.

21° Qu'à peu près à la même époque, M. Tramoy père, se trouvant à dîner chez M. Moine où était Mme Dornier, elle prit ce monsieur pour un général, qu'on eut beau lui dire qui il était, qu'elle n'en continua pas moins en lui adressant la parole de l'appeler : Mon général.

22° Qu'en mil huit cent trente-un, elle aperçut un enfant qui s'amusait dans la cour avec un fouet ; elle le prit pour un homme qui venait chercher une place de cocher, et lui dit qu'elle ne pouvait pas le prendre à son service ; que son régisseur se trouvant présent lui fit observer que c'était un enfant, mais qu'elle continua à soutenir que c'était un cocher.

23° Qu'un jour du mois de mai de la même année, se promenant dans sa cour avec M. Rossigneux, elle aperçut plusieurs personnes près du château d'eau ; qu'ayant demandé quels étaient ces hommes, on lui répondit : Ce sont vos forgerons. J'ai donc des forgerons ? dit-elle ; et que sur l'affirmation qui lui en fut donnée, elle ajouta : Puisqu'il en est ainsi, il faut que je leur donne pour boire ; qu'elle donna effectivement à ceux qui faisaient partie du rassemblement une somme assez forte, sans comprendre sa valeur ni son importance.

24° Que dans le courant du mois de novembre mil huit cent trente-deux, on lui apprit la mort de Mlle Légéas, sa petite-fille, dont elle porta le deuil, mais que chaque fois qu'elle remarquait qu'elle était en deuil, elle demandait de qui elle le portait ; qu'après qu'on le lui avait fait connaître, elle l'oubliait et ne cessait de demander si c'était Mme de Léjéas ou sa fille qui était morte ; que cet état de choses a duré pendant plus d'un mois.

25° Que dans le courant du mois de décembre de la même année, Mme Dornier se rendit à Renaucourt, à l'effet de déterminer l'indemnité qu'elle avait promise à Mme Moine, sa fille, pour les bâtiments que M. Moine avait fait construire dans les dépendances de l'usine ; que plusieurs personnes s'y rendirent dans le même but, ainsi que M. Dornier aîné ; qu'à peine fut-il question de régler cette affaire, elle perdit entièrement la tête sans qu'il fût possible de lui faire entendre la moindre observation ; qu'elle demandait si elle était à Pesmes ou à Dampierre ; que M. Dornier aîné lui répondit que non, mais qu'elle pouvait se tranquilliser, attendu qu'à Renaucourt elle était chez elle ; qu'on ne put jamais lui faire comprendre qu'elle avait acquis le fourneau de Renaucourt, et qu'elle se bornait à dire qu'elle ne pouvait pas être chez elle, puisqu'elle n'était ni à Pesmes ni à Dampierre.

26° Que dans l'hiver de mil huit cent trente-trois, la veuve d'un marteleur qui était décédé à la forge, s'étant présentée à l'un des fils de Mme Dornier. pour obtenir la permission de prolonger son séjour à la forge , M. Dornier, qui aurait pu de son chef accuellir cette prière en raison de la position de sa mère, engagea cette femme qui était malheureuse à former elle-même sa demande dans l'espérance que sa mère ferait un acte de charité; que cette femme se présenta effectivement devant Mme Dornier, qui ne put jamais comprendre ce que cette malheureuse lui demandait, et ne cessait de répéter : Si on est mécontent de lui, qu'on le chasse. Mais il est mort, lui dit-on. Eh bien ! qu'on le chasse. Qu'on ne put jamais avoir d'elle une autre réponse, et que comme on résistait et qu'elle ne pouvait comprendre, elle entrait en fureur et se serait livrée à des actes de violence si les personnes présentes n'avaient pris le parti de la retenir.

27° Que dans le commencement du mois d'avril mil huit cent trente-trois, Mme Dornier fit appeler un matin le sieur Colin, son régisseur, en lui disant de faire le compte de la fille de basse-cour; que le sieur Colin ayant fait connaître cet ordre à cette fille, elle demanda pourquoi on la renvoyait; celui-ci lui répondit qu'il l'ignorait, mais qu'elle n'avait qu'à partir seulement pendant deux heures, et que Mme Dornier ne se rappellerait plus de rien. Que cette fille peu satisfaite des observations de M. Colin, alla trouver Mme Dornier pour lui demander les motifs de son renvoi; que celle-ci lui assura qu'elle n'avait jamais eu cette intention, qu'on l'avait trompée et qu'elle était très-contente d'elle ; que Mme Dornier apprenant que c'était la cuisinière qui avait fait ce rapport, lui dit de faire venir M. Colin pour faire le compte de la cuisinière; que c'était elle qu'elle voulait renvoyer ; que M. Colin étant venu, Mme Dornier lui demanda ce qu'il voulait, lui disant : Est-ce que je vous ai envoyé chercher? Que M. Colin ayant répondu que la femme de chambre était venue de sa part, elle ne put dire ce qu'elle voulait ; qu'alors la femme de chambre lui dit que c'était pour inviter M. Colin à dîner, et qu'alors Mme Dornier dit : Oh oui! eh bien, M. Colin, vous viendrez dîner.

28° Que des scènes de ce genre se renouvelaient à chaque instant, de mil huit cent vingt-sept à mil huit cent trente-trois.

29° Que le 1er mai mil huit cent trente-trois, jour de la fête du roi, les tambours de la garde nationale de Pesmes étant allés lui donner une sérénade, elle donna l'ordre à M. Colin de les faire rafraîchir et de leur donner quelque chose; que M. Colin leur donna dix francs, mais que Mme Dornier les ayant aperçus, au moment de leur départ, leur donna soixante-quinze francs; puis, que le plus jeune étant resté par derrière, elle l'appela et lui donna une poignée de pièces de cinq francs; qu'enfin elle les fit rappeler et leur donna, pour la troisième fois, une somme assez forte.

Desdits faits, circonstances et dépendances, pour la preuve faite et la cause rapportée, être statué ce qu'il appartiendra, dépens réservés.

En ce qui concerne Claude-Pierre-Joseph Dornier : dire qu'il devra le rapport, avec tous intérêts légitimes, de 60,000 fr. en principal formant l'objet de la donation faite à son profit par sa mère, le 31 décembre 1826, toutes autres conclusions restant maintenues à son égard comme elles ont été prises en instance.

Adjuger, en outre, aux appelants toutes les conclusions qu'ils avaient choisies contre les autres parties en cause, et qui n'auraient pas été accueillies.

Débouter toutes parties de fins contraires, et condamner les intimés aux dépens, en ordonnant la restitution de l'amende.

Sous toutes réserves, même de changer, amplier ou restreindre les présentes conclusions.

Alfred DORNIER.
Adèle DORNIER, veuve MOINE.
GUILLAUME.
MATHIOT,
MATHEY, } avocats.
GOUNIOT, avoué.

BESANÇON. — IMPRIMERIE D'OUTHENIN-CHALANDRE FILS.

www.ingramcontent.com/pod-product-compliance
Lightning Source LLC
Chambersburg PA
CBHW061320060726
47596CB00003B/990